단감과 떫은 감

이옥순 수필집

단감과 떫은 감

이옥순 수필집

수필과비평사

■ 머리말

  집안의 안채와 바깥채 사이에 작은 중정이 있는 집을 꿈꾸었다. 배롱나무 한 그루 심을 수 있는 마당이 필요했다. 배롱나무 한 그루가 서 있고 가장자리로는 철따라 풀꽃이 피어나는 아담한 집을 공상 속에서 수없이 지었다.
  집에 따라 작거나 큰 것으로 바뀔 뿐 배롱나무는 꼭 심었다. 가느다란 줄기가 옆으로 뻗어 우산처럼 만들어진 형도 좋고 서너 가지가 바닥에서부터 자란 형도 멋있다. 언제부터인가 배롱나무 꽃그늘이 그리웠다.
  배롱나무는 백 일 동안 꽃이 피어서 백일홍이라고도 한다. 한 송이가 백 일 동안 피어 있는 것이 아니라 다른 송이가 차례로 피어나는데 그 기간이 백 일이다. 백 일 동안 붉기 위해 보낸 인고의 시간을 생각하게 한다.
  배롱나무는 여름내 피는 꽃도 좋지만 매끈한 줄기가 매력적이다. 부드러움과 단단함이 동시에 느껴져 만져보고 싶다. 배롱나무는 겉과 속이 같은 나무다. 속이 겉처럼 꽉 차 있다. 추운 겨울날 나목으로 서 있어도 아름다운 이유는 겉과 속이 같기 때문이다.

우리는 겉과 속이 같은 사람을 좋아하고 또 그렇게 되길 바란다. 겉과 속이 같게 살 수 없다는 것을 알기 때문에 표리일체의 존재를 그리워한다. 표리부동의 존재를 비난하는 것도 겉과 속이 같아지기 위한 의지의 표현이다.
　배롱나무를 닮고자 했다. 거듭 꽃피우는 이유가 무엇이겠는가. 열흘 붉은 꽃보다는 백 일 동안 빛나는 열정이 좋았다. 세상 모든 존재가 겉과 속이 같다면 상처주지 않을 것이고 상처받지도 않을 것이기 때문이다.
　마당을 마련했다. 그리던 배롱나무를 심었다. 물 주고 거름 주었더니 올여름 꽃이 피었다. 못났지만 열정은 붉다. 멋진 나무로 가꾸어 좋은 사람들에게 공개했으면 좋으련만 마당의 배롱나무는 밖에서 더 잘 보이는 자리에 서 있다. 숨길 수 없어 부끄럽다.

2010년 8월

목 차

머리말

 1부 비 오는 날의 수채화

- 13 사각과 원
- 17 가을에는 더욱
- 21 비 오는 날의 수채화
- 24 야생화 기르기
- 28 씨앗
- 32 편리와 불편의 경계선
- 36 가볍게 존재하기
- 40 소중한 것은 가까이 있다
- 44 안과 밖

2부 다시 찾은 달빛

51   다시 찾은 달빛
55   공생의 묘
59   잠시 머무는 집
63   느림의 미학
67   비야리 서정
71   살구나무를 바라보며
75   자양분
79   뿌리 내리기
83   발효와 부패

 **3부 가을에는 쓴 커피를**

- 89 소매물도
- 94 가을에는 쓴 커피를
- 98 겉과 속
- 102 두 가지 고장
- 105 마지막 축제
- 109 반달곰 지리산에 들다
- 115 보자기
- 119 아기염소
- 123 동창 모임에 다녀오면서

4부 괜찮습니다

129 미래의 내 모습
133 괜찮습니다
138 십리사탕
141 리듬을 타다
145 누구 탓인가
149 돌아보는 이유
153 외식
157 페르소나
161 튀어야 산다

기다리면 온다

- 167   기다리면 온다
- 170   길
- 174   외로운 사람들
- 178   단감과 떫은 감
- 183   욕심의 대가
- 187   물들다
- 191   봄 마중
- 195   빛과 어둠
- 199   행복의 조건

■ 평설 – 대립과 화해의 그림자 찾기   203

1부

비 오는 날의 수채화

사각과 원 | 가을에는 더욱 | 비 오는 날의 수채화 | 야생화 기르기 | 씨앗
편리와 불편의 경계선 | 가볍게 존재하기 | 소중한 것은 가까이 있다 | 안과 밖

사각과 원

　답답한 도시를 벗어나 자연 속의 삶을 지향하는 사람들이 늘고 있다. 나지막한 산을 배경으로 물줄기를 굽어보는 전원에 집을 짓고, 힘에 부치지 않을 만큼의 텃밭을 일구며 살고 싶다는 것이다. 사람은 누구나 한 번쯤 자연에 묻혀 살며 자연과 숨 쉬는 하얀 집을 꿈꾼다. 자연 속에서 자란 우리 세대들은 더욱 그렇다. 이제 콘크리트건물 속에서 지친 몸과 마음을 자연에서 위로받고 싶어한다.
　심심하고 허전하다고 생각했던 전원으로 돌아가고 싶다. 조금은 비워두고 조금은 심심하게 살고 싶다. 전원생활을 하고 싶다고 하여 마음먹은 대로 되는 일은 아니다. 놋양푼에 수수엿을

녹여 먹는 이름없는 여인이 되고 싶기도 하고, 숲 속의 궁전 말 메종에서 나폴레옹을 기다리는 조세핀이 되는 꿈도 꾸어 보지만 그게 쉽지는 않다. 아파트생활을 하면서 언뜻언뜻 생각은 하고 있었지만 미래의 이야기로 남겨두고 있었다.

어릴 때는 아름다운 강 언덕에 철 따라 피고 지는 꽃들보다 더 마음을 사로잡는 것은 도시였다. 그때는 허전하고 그리운 마음을 도시에서 채워야 되는 것인 줄 알았다. 인간은 사회적 동물이라고 했듯이 어릴 때부터 논밭에 나가서 일을 하거나, 내 몸보다 큰 소를 돌보아야 될 때도 있었다. 널찍한 초원에 매어 놓은 소를 지키고 있으면 심심하기 이를 데가 없었다. 떠가는 비행기 뒤로 길게 흰 줄이 나와 퍼지면서 구름 속으로 사라지고, 그 뭉게구름 떠가는 하늘가를 바라보며 도시로 향한 꿈을 키웠다.

도시에서 살게 되었다. 원래 아파트생활이 체질에 딱 맞는 사람인 듯했다. 아파트 평수가 신분의 상징물이 된 시대에 맞게 평수를 늘려 갔다. 점점 위로도 올라갔다. 흙이 발에서 멀어질수록 꿈을 이룬 듯했다. 친정이나 시댁에라도 가게 되면 원래 흙하고는 거리가 먼 도시여자처럼 대해주는 것이 싫지는 않았다. 어떻게든 도시의 현대인으로 보이고 싶었다. 네모난 하얀 부엌에서 깨끗이 씻은 파를 썰고 때로는 치즈도 썰면서, 내 인생은 직선과 사각형의 공간에서 아귀가 딱딱 맞게 잘 돌아가고 있었다. 더 이상 이룰 꿈이 없을 줄 알았는데 항상 목이 말랐다.

흙이란 흙은 도로와 건물로 답답하게 덮여 가고 있으니 숨이 막힌다. 직선도로를 만들어 전국을 하루에 다닐 수 있게 된 나라, 초고층 네모 집을 지어 성공한 나라, 아파트가 성공한 유일한 나라에서 어쩌면 당연한 일이다. 직선도로를 따라 사각 집으로 모여든 사람들은 앞만 보고 달렸다. 그것이 장애를 만나 마치 두부가 잘리듯이 잘려나가는 일을 겪으면서 사람들은 조금씩 초록과 곡선을 생각하게 되었다.

직선과 사각형은 사람의 본성과 거리가 멀다. 멀리 바라보고 곡선을 바라보는 것이 사람의 본성과 닮았다. 수직의 문명을 추종했던 사람들의 반발이 시작됐다. 텔레비전 환경스페셜에서 고층 아파트를 허무는 프랑스 현장을 방송한 것이다. 입주자들 스스로 아파트를 무너뜨리고 새로 저층의 주거지를 만들었다. 콘크리트 건축물이 발전의 상징이 됐던 선진국가들은 오히려 건물을 헐어내게 된 것이다. 그곳을 채우는 것은 전통주거공간 소재인 흙과 나무라는 것을 방송하고 있었다.

방송을 보면서 미래의 일이라 묻어두었던 전원생활에 대한 생각을 구체화해 갔다. 힘들게 확보한 도시 속의 공간을 포기하기란 쉽지 않았다. 아이들 교육문제가 해결되는 때에 맞추어 실천에 옮기기로 했다. 아파트 평수를 줄이고 땅을 찾아다녔다. 전원주택을 짓고 살려면 맑은 공기를 마시고 오염이 덜 된 지하수를 마시고 도시의 소음에서 벗어날 수 있는 조건이라야 한다.

사각공간에 쌓은 삶을 이제는 전원에 옮겨 담고 싶다. 느리게 살다보면 흙, 풀, 나무, 바람, 구름, 하늘처럼 둥글어질 것이다. 네모난 개인공간을 확보하기 위해, 직선의 길로 내달리던 것을 멈추고, 곡식이 자라 먹을거리가 되고 배설을 하고 그 배설은 다시 땅으로 돌아가는 생태 순환계 속으로 가고 싶다.

어린이 동화 ≪파랑새≫에서 행복의 파랑새를 찾아 먼 길을 돌다 집에 와서 찾은 치르치르와 미치르처럼 내가 나고 자란 전원에서 파랑새를 찾고 싶다.

가을에는 더욱

 한 라인 전체에 같은 직장 사람들이 입주하게 되었다. 조합주택이었다. 남편들이 같은 부서였던 관계로 6층 아영이네하고는 금방 친해졌다. 왕래하면서 공통점이 많다는 것을 알게 되었다.
 맏며느리로서 느끼는 부담도 비슷했다. 어려운 여건 속에서도 시댁일 만큼은 잘 챙기는 아영이 엄마를 보면서 느끼는 점도 많았다. 시댁으로 음식을 해서 나르는 사정도 비슷했다. 제사라도 되면 아영이 엄마가 부침개 부치는 일을 도와주곤 했다. 그럴 때면 고마운 마음을 표현할 방법을 찾다가 결국엔 따뜻한 커피 한잔을 대접하곤 했다. 향이 좋은 커피를 만나면 그때나 지금이나 아영이 엄마가 생각난다.

또 다른 공감대는 딸 둘을 키우면서 일어나는 일상이었다. 여자만 있는 집이라 남편들이 훨씬 자상하다고 우리는 생각했다. 순전히 주관적이지만.

맥주잔을 앞에 놓고 세상 잡다한 것을 가지고 논쟁을 벌이기도 했다. 정치 이야기를 할 때면 더욱 목청을 높였다. 경상도 여자인 아영이 엄마가 전라도 남자랑 결혼을 했으니 할 말이 많았다. 지금 생각하면 그래도 386 첫 세대인 우리는 공명정대했던 것 같다.

노래방에서 목청껏 노래를 불러대는 날도 있었다. 아영이 엄마가 〈사의 찬미〉를 부를 때면 왠지 의미부여가 되면서 염세주의적이 되어 보기도 했다.

둘 다 음식 만드는 것도 좋아했다. 야유회라도 가면 괜찮은 음식 파티가 되었다. 아영이 엄마가 자르르 윤기 나는 약밥을 찌고 걸쭉한 양념의 총각김치를 준비했다. 나는 양념치킨에 모양낸 김밥을 만들었다. 지나고 보니 그 야유회가 주로 가을이었다. 그렇게 가을을 좋아하는 것도 비슷했다. 생활에서 일어나는 슬픈 일 기쁜 일을 자연스럽게 공유하게 되었다. 우리는 그렇게 정을 쌓아갔다.

내 생일이 되면 책 한 권과 국화 한 다발을 선물하던 아영이 엄마는 지금 한국에 살고 있지 않다. 핵 사찰단 본부가 있는 비엔나에 살고 있다. 남편 근무지를 따라가 버렸다.

아영이 엄마가 떠난 그해 가을, 가을을 맞는 느낌을 이야기할 대상이 없어서 허전했다. 마당으로 나가 단풍잎들을 모았다. 곱게 말려서 코팅을 했다. 책갈피꽂이로, 수저받침으로, 벽장식으로 마음 닿는 대로 한국의 가을을 느껴보라는 긴 편지와 함께 비엔나로 보냈다.

그렇게 가을을 보내주고 아영이 엄마의 답장을 두어 번 받았다. 가끔 전화도 오지만 멀리 떨어져 있으니 그립다. 5년 근무를 마치고 올가을에 돌아온다고 하던 아영이 엄마는 남편의 정년퇴직 때까지 근무가 연장되었다고 한다.

커피맛까지도 로맨틱하게 느껴지는 가을이 왔다. 향도 색깔도 어쩐지 이 계절하고 잘 어울린다. 가을의 문턱에 들어서면서 자주 마시게 된다. 물들어가는 이파리들을 보면서 감상에 젖는 마음에 위안을 주기 때문이다.

이제 가을 들판으로 나갈 것이다. 노란 감국을 따서 말릴 것이다. 마른 꽃을 받고 기뻐할 아영이 엄마의 환한 미소가 그립다. 가을에는 더욱.

우리는 하고많은 세월 속에서 만나고 헤어진다. 그런데 어떤 상황이 되면 반드시 떠오르는 사람이 있다. 몸이 멀면 마음도 멀어진다 해도 그 범주를 뛰어넘는 경우가 있다. 그것은 대개의 경우 공유한 세계가 같은 사람일 때가 많다. 아영이네가 떠난 지가 제법 되는데도 가을만 되면 내 뇌리에서 다시 피어나는 것은 둘이 가졌던 시간들이 많기 때문이 아닐까.

  이 가을에 그런 친구를 찾아보니 내겐 별로 없다. 가을이 오면 더욱 아영이네가 생각나는 것은 내 마음의 공터에서 함께할 사람이 그립기 때문일 것이다.

비 오는 날의 수채화

아이들이 자라 살림이 커지면서 나도 무언가 경제활동을 해야 되지 않을까 찾게 되었다. 아는 사람의 사업장에 나가 뒷일을 좀 봐주게 되었는데 오래가지 못했다. 두 가지 일을 하기도 벅찼고 경제적으로 큰 도움도 되지 않았다. 남편은 아이들 돌보고 살림이나 잘하기를 바랐다. 일을 그만두니 시간적으로 여유가 생겨 주말농장을 분양받았다. 이것저것 채소를 심어놓고 매일 나가 보는 재미가 쏠쏠했다.

그런데 장마철이 되어 밭에 나가지 못하게 되었다. 장대비가 이틀 연달아 내렸다. 집안일을 뒤적거리다 주전부리만 하고 있으니 시간이 아깝다. 답답해서 밖을 내다보고 있는데 비가 그쳤다.

얼른 주말 농장으로 나섰다. 직장인들이 여가로 가꾸는 밭인데, 농작물만 있는 것이 아니라 더러는 꽃을 심어놓은 곳도 있었다. 울긋불긋 어우러져 조각보를 펼쳐놓은 것같이 곱다. 푹푹 발이 빠져 밭고랑으로 들어가지 못하고 밭둑에 서 있자니 노란 꽃이 눈에 들어왔다. 그윽한 미소를 머금은 쑥갓꽃이었다.

쑥갓꽃을 한 움큼 꺾었다. 그때 후두둑 다시 비가 시작되었다. 내 손에 들려 있는 것은 우산이 아닌 꽃이었다. 꽃을 머리 위로 올려 비를 피해 뛰어보려 했으나 이미 늦었다. 그대로 비를 맞았다. 빗물이 머리 위에서 얼굴로 흘러내리는 느낌이 보드라웠다. 우산이 없는 것이 이상하게 좋았다.

비에 완전히 젖고 나면 더 이상 비가 두렵지 않았던 기억이 있다. 한두 방울 떨어질 때는 조금이라도 젖을까 봐 피하려 한다. 그러나 온몸이 젖고 나면 두려운 게 없어진다. 일부러 웅덩이로도 뛰어들고 지나가는 차가 흙탕물을 튀겨도 노려보지 않는다. 더 오래 즐기기 위해 돌아가는 길을 선택하기도 했다.

흐르는 세월에 몸을 푹 던져놓은 요즘은 삶이 두렵지 않다. 이럴까 저럴까 망설일 때가 두려운 것이지 그 속에 완전히 젖어들면 편안하고 자유롭다. 사랑에 젖으면 사랑이 두렵지 않고, 희망에 젖으면 미래가 두렵지 않다. 일에 젖으면 일이 두렵지 않다. 무엇을 하든지 거기에 온몸을 던져야 한다. 밖에서 할 일을 찾지 않고 집안일을 하기로 마음을 먹으니 차라리 편안하다.

다시 아스팔트 위를 터벅터벅 걷고 있는데, 달팽이 한 마리가 풀숲으로 기어가고 있다. 온 힘을 다해 무엇인가를 찾아가고 있는 듯했다. 풀잎 한 장을 뜯어 달팽이를 앉혀 들었다. 손바닥만 한 풀잎 위에서도 촉수를 내밀어 세상을 즐기고 있다. 결코 달팽이에게는 작은 세상이지는 않을 것이다.

아파트 입구로 가는 동안 비 오는 거리로 나와 철벅거리며 동심을 펼치고 있는 아이를 만나면 달팽이를 그 아이의 손바닥에 놓아줄 양으로 두리번거린다. 길이 끝날 즈음에 내 바람대로 대여섯 살쯤의 남자아이가 있었다. 아이의 손바닥 위에 달팽이를 올려주자 조금 당황하더니 이내 웃음이 번진다. 달팽이가 전해주는 신비로움에 젖어드는 아이의 밝은 표정에 기분이 들뜬다.

우산이 없으니 비바람에 이리저리 흔들리지 않아 좋다. 지나가던 이웃이 비 맞은 내 모습을 보면서 감기 걸릴까 걱정을 해준다. 꽃을 들고 비를 맞는 여자의 모습이라니, 어릴 때와는 달리 신경이 쓰인다. 하지만 뼛속까지 상쾌하고 자유로운 이 순간의 짜릿함을 어떻게 알 수 있으랴. 무엇에 완전히 젖어들면 더 이상 두려운 게 없다.

야생화 기르기

　우리 집 베란다에는 야생화들이 올망졸망 자라고 있다. 하나둘 모은 것들이 차례로 꽃이 피고 잎이 무성해지면서 언제나 내게 푸른 미소를 보내온다. 제각각 다른 이름이지만, 조화를 이루고 있다. 내게 끝없이 관심거리를 제공해주니 이 또한 좋은 일이다. 포기가 늘어나면 나누고, 씨를 받아 나누면서 이웃과 따뜻한 정도 쌓는다. 야생화 사랑을 넘어 이웃사랑으로 확장된다. 팍팍하게 변하는 세상살이와는 달리 야생화의 소박한 아름다움만큼은 변함이 없다.
　처음엔 그저 예뻐서 이것저것 모으다 보니 숫자가 늘어났다. 더 많은 손길과 시간을 투자해야 하는 어려움이 따랐다. 휴가라도 가려면 발목이 잡혀 오도 가도 못할 때도 있었다. 괜찮겠지 하고 며칠 집을 비우고 돌아오면, 축 쳐져 다시 살아나지 못하는 안타까움도 겪어야 했다.

해오라기난초의 백색 꽃이 마치 살아 있는 듯 환상적이라 비싼 값을 치르고 구해서 키우다가 실패한 적도 있다. 며칠 밥을 굶을 각오로 사왔는데 실망이 말이 아니었다. 한 해 두 해 지나면서 베란다에서 잘 자라는 것과 아닌 것을 구분해내는 눈이 생겨 지금은 시리즈별로 키운다.

사철 푸른 잎을 볼 수 있는 석위 종류와 곱게 물든 잎으로 가을을 느끼게 해주는 마삭이 있다. 형형색색의 꽃과 향기로 뽐내는 야생화들과는 달리 마삭의 발갛게 물든 잎은 그 소박한 아름다움에 반하지 않을 수가 없다. 집에서도 아름답지만 자연에 그대로 놓인 것은 혼자 보기 아깝다. 가을이면 쌍계사 십 리 벚꽃길을 찾는 이유는 마삭을 보기 위해서이다. 길옆으로, 밭둑 논둑으로, 벚꽃나무 둥치를 감고 올라간 채 햇빛을 받아 반짝이는 모습을 보면, 한순간에 시름이 다 녹아내리고 평화가 찾아온다.

꽃이 피면 부귀를 누릴 수 있다는 부귀난도 있고, 석곡도 예닐곱 종류는 된다. 추운 겨울을 견뎌내고 햇살이 파고들면 작은 몸으로 꽃을 안고 새순을 내미는 히폭시스의 신비로움은 가히 절정이다. 가련해 보일 정도로 작고 앙증맞은 분홍 꽃이 피는 앵초는 연잎꿩의다리 옆에 자리잡고 있다. 석곡이 무더기로 피고 백화등꽃이 가지마다 매달려 진한 향기를 뿜어댄다. 병아리 난초가 해를 따라 가지런히 줄을 서서 연보라색 꽃을 피우고 풍란이 사랑의 향기를 가득 머금는다.

바람결에 실려 실내로 퍼지는 은은한 향기는 내 마음에 안정을 주고 섬세한 감수성을 깨우고도 남는다. 문을 열고 마루 끝에 앉아 가만히 들여다보면 속삭임이 들리는 듯하다. 화려함이나 교만함이 야생초에는 없다. 욕심부리지 말고 소박하게 살아야겠다는 꽃마음이 생긴다. 봄이 되면 새싹이 돋고 이어 꽃을 피우고 잎이 무성해지다가 가을이 되면 단풍이 들고 씨를 맺는 자연의 법칙은 베란다의 화분에도 어김없이 찾아온다. 매일 조금씩 자신의 모습을 다듬어 나가는 꽃들과 교감하니 일상이 무료하거나 지루하지 않다.

꽃은 그 존재만으로도 우리에게 많은 것을 가져다준다. 유난히 꽃을 노래한 시나 그림이 많은 것도 그것이 우리의 마음을 순화시키기 때문이 아닐까 싶다. 꽃을 오래오래 바라보면 꽃마음이 되고, 별을 오래오래 바라보면 별마음이 된다고 어느 시인은 노래했다.

야생화 기르기는, 테니스를 한다거나 골프를 하는 것보다 훨씬 자유롭다. 시간이나 장소의 구애를 받지 않으니 편하다. 관심만 있으면 쉽게 구하고 돈도 적게 든다. 특별한 계층만 누릴 수 있는 것과는 다르다. 길가에서 짓밟히며 크는 잡초 같은 야생화는 생명력도 질기고, 또 내가 보기에는 예쁘고 친근하다. 그래서 낭비적이지 않고 나의 분수에 잘 맞는다.

가끔 산에 오른다. 산엘 오르다 보면 야생화를 만나게 된다. 귀한 꽃을 산에서 만나게 되면 마음이 따뜻해지고 여유로워진다. 마음의 여유는 내 자신에게 좋은 선물이 된다. 이럴 때면 으레 카메라에 담는다. 집에서 기르는 것과 비교해보기 위해서다. 매번 자연의 위대함 앞에 작아지는 자신을 바라보게 되지만, 결코 좌절하고 싶지는 않다. 다다르지 못하더라도 함께 하고자 하는 의욕은 나를 기쁘게 하기 때문이다. 그러면서 자연이 내게 주는 말씀을 하나씩 터득하면 그만인 것이다.

집안일을 말끔히 끝내고 이웃을 초대해 향기로운 야생화를 바라보며, 싱그러운 차를 마주하고 앉아 꽃 이야기를 하다 보면 한나절이 모자란다. 이렇듯 나의 취미에서 얻는 즐거움은 크다.

씨앗

춘래불사춘의 날씨 끝에 맑고 화창한 봄날이었다. 꽃구경 나온 사람들과 팝콘처럼 피어난 벚꽃이 한 폭의 그림이 되었다.
한 달에 한 번 등산을 같이하는 친구들과 유원지로 꽃놀이를 나섰다. 산을 오르는 대신 호수를 따라 한 시간쯤 걷고는 벚나무 밑에 돗자리를 폈다. 배낭에서 각자 도시락을 꺼내는데 한 친구가 배낭 주머니를 부스럭거리더니 씨앗이 담긴 봉지를 찾아냈다. 수목원에 갔다가 받은 것인데 깜빡 잊고 있었다면서 가져다 심겠느냐며 내어놓는다. 꽃씨를 마다하겠는가. 얼른 받아들었다.
농사를 지어보면 한 알의 씨가 많은 수확을 얻게 한다는 사실을 알 수 있다. 작년에 상추밭 사이에 네댓 알의 콩을 심었다. 댓 개의 씨앗으로 한 바가지의 콩을 얻었다. 바가지의 콩이 가마니의 콩이 될 수도 있다. 오늘 심은 콩 한 알이 콩밭을 이룰 수도 있다. 심고 물 주고 거름 주어 가꾸면 분명 좋은 결과를 얻는다.

꽃씨를 심는다. 씨앗들을 챙겨 밭으로 나갔다. 묵은 풀을 뽑아냈다. 추운 겨울을 이겨낸 풀들이었다. 상추를 심었던 자리라 흙살이 부드러웠다. 삽으로 푹푹 떠서 흙을 뒤집었다. 반쯤 뒤집었을 때 흙 속에서 호두 한 알이 나왔다. 가으내 다람쥐와 청설모가 드나들더니 상추밭에 호두를 숨겨놓은 모양이었다. 호두를 집어보니 싹을 달고 있다. 새끼손가락길이만 한 어린 싹이다.

집 앞에 호두나무가 서 있다. 떡 벌어진 호두나무엔 딱따구리가 찾아와서 쉬었다 가고, 열매가 달리면 주인보다 먼저 청설모가 오르내리곤 했다. 손바닥의 호두와 큰 호두나무를 번갈아 바라본다. 저 큰 나무도 호두 한 알에서 시작되었겠지. 지금 흙 속에서 나온 작은 씨앗이 자라 나무가 된다고 생각하니, 막 움이 튼 호두가 예사로 보이지 않았다.

집이 산속에 있다 보니, 흙을 일굴 때 더러 삐죽 움이 보이는 호두나 굴밤을 발견하게 된다. 그것을 보면서도 나무가 되기까지가 너무나 멀리 느껴져 그냥 넘겼다. 오늘에야 그것이 커다란 의미로 와 닿는다.

　심을 자리를 찾아 정원을 둘러본다. 드리워질 그늘을 생각해 서쪽 마당 귀퉁이에 자리를 잡았다. 구덩이에 부드러운 흙을 채우고 심었다. 벌써 잎이 무성한 나무를 보는 듯 흐뭇하다. 십 년 후 이십 년 후엔 직박구리가 앉고 다람쥐가 오르내릴 것이다.

　꽃씨를 받아온 친구를 생각한다. 무언가 씨앗을 뿌려 좋은 결과를 얻고자 했던 친구. 그에 반해 나는 이 산중에 살면서도 씨앗의 의미를 되새겨 보지 못한 것은 아닌가. 그러고 보니 어떤 것을 생각해내도 실행에 옮기기엔 늘 주저하다가 멈춘 것만 같다.

　삶도 마찬가지다. 부족한 줄을 알면서도 그것을 채우려는 노력에는 게을렀다. 좋은 글을 써보고자 하는 생각의 씨앗을 품은 것까지는 좋았는데, 적극적인 실행으로 옮기지는 못했다. 호두를 심어 키우지 않은 것과 같이 일상에서 얻은 소재를 보관만 하고 있었다.

　호두나무는 왜 다른 사람의 밭둑에만 서 있는가. 나의 뜰에 호두나무가 있었더라면. 맛있는 호두열매를 얻을 수 있을 텐데 하며 기대만 했던 것 같다. 먹으면 음식이고 심으면 생명이 깃든 나무가 되는 호두. 호두 한 알로 생각의 씨앗을 얻는다.

　사실 그동안 씨앗을 키워 나무가 된 것도 있다. 아파트에 살면서 한적한 시골마을에 집을 짓고 살고 싶다는 생각의 씨앗을 품었다. 씨앗을 심었기 때문에 자라서 나무가 되었다. 나무가 되려면 어떻게 해야 하는지 다시 한 번 생각한다.

  이 봄, 많은 씨앗을 바라본다. 그것이 열매로 먹을거리로만 보였던 지난 세월이 지나간다. 매사에 있어 다 된 결과물만을 고집했던 아둔함이 이 봄날에 부끄럽게 고개 숙인다. 건강의 씨앗을 뿌리기 위해 산행을 하고, 꽃을 보기 위해 꽃씨를 뿌린다.

  씨 뿌리는 즐거움은 크다. 그리고 나 또한 우주 속에 존재하는 한 알의 씨앗일 수도 있다는 데에 생각이 이르자 신바람이 인다. 기적이 시작되는 최초의 지점은 한 알의 씨앗이다. 어린 호두 싹에 물을 준다.

편리와 불편의 경계선

　무엇인가 없어지면 새로운 것이 생긴다. 걷기에 좋았던 흙길이 차 다니기 좋게 포장되었다. 익숙했던 물소리 새소리 솔바람 소리를 들을 수 없게 되고, 비켜서라는 차 소리 자전거 소리만 요란하다. 고갯마루에 올라서서 땀을 닦으며 집을 내려다보는 편안한 기분을 어디에서도 느낄 수 없게 되었다. 차나 자전거를 타고 지나가는 사람들은 이런 나의 심정은 아랑곳하지 않는 눈치다. 전에처럼 팔을 휘저으며 걷다간 무엇엔가 치일 것 같은 예감이 든다.
　굽이굽이 돌아서 다니던 길을 두고 곧은 도로가 생겼다. 부산에서 순천 가는 남해고속도로라고 했으니 그런가 보다 했다. 우리 가족 중에는 부산서 순천으로, 순천서 부산으로 가야 할 사람이 없으니 고속도로는 나하고 아무런 관계가 없는 길이다. 먼 길을 돌아다니던 사람들에겐 편리를 주지만 살던 집이 도로 밑에 들어가 버린 나는 불편하기만 하다.

사람이 살고 있는 곳을 피해 공사를 해도 될 것 같은데, 하필 마을 가운데로 도로를 놓아야 했는지 이해할 수 없었다. 지금도 고향을 떠올릴 때면 내가 태어나서 중학생이 될 때까지 살았던 그 집만 눈에 선하다.

그렇게 정이 가지 않던 고속도로에서 예상치 못한 일이 벌어졌다. 나무상자를 가득 싣고 달리던 트럭이 도로 위에서 뒤집혔다. 매끈하고 똑바른 길에서 넘어질 일이 뭐가 있다고 가당치도 않은 일이 벌어진 것이다. 쏟아진 많은 상자에는 고등어가 들어 있었다. 순식간에 도로가 어판장으로 변한 듯했다. 마을에는 금방 소문이 돌았고, 너도나도 통을 들고 나섰다. 가족 중 한 사람이 나섰다가 이내 온 가족이 세숫대야까지 들고 가서 고등어를 담아오게 되었다. 저녁까지 풀숲을 뒤지는 사람도 있었.

집집마다 아이들 거친 피부에 반지르르 윤기가 돌았다. 아궁이에 석쇠를 놓고 고등어를 올려서 굵은 소금을 뿌려 놓으면 지글지글 기름을 튀기며 아침부터 고소한 냄새가 담 너머로 퍼져 나갔다. 큼지막한 무를 넣고 조림을 하는 저녁이면 온 가족이 포만감으로 행복했다. 시래기를 넣고 끓인 고등어추어탕까지 다양한 요리법이 동원됐다. 한동안 어머니는 밥상 차리는 일이 즐거웠고 우리는 밥을 두 배로 먹었다.

고등어를 실은 차가 넘어진 사건으로 낯설던 고속도로가 조금 가깝게 느껴졌다. 다른 일을 하다가도 자꾸만 도로변으로 눈이 갔다. 언덕에 앉아 지나가는 차에서 짐이 떨어지기를 기다리고 있기까지 했다. 가끔 마을사람 중에 누군가는 물건을 주워왔다는 소문이 들렸다. 헛소문도 있었고, 실제로 가정에 요긴하게 쓰일 가전제품을 주워오는 집도 있었다. 그 기억이 희미해지도록 내 눈앞에서 넘어지는 차는 없었다.

사람들은 눈앞에 전개되는 상황에 적응해 가도록 되어 있는가 보다. 다만 그 속도가 빠르거나 느린 것만이 다를 뿐이다. 그 과정에 긍정적인 요소가 가미되면 빠르게 되고, 그런 계기마저 없으면 느리게 되는 것 같다. 그러나 어떤 경우이든 애초에 품고 있던 불만은 수시로 고개를 들고 저항한다. 자신의 처지에 따라 다른 표정을 하고 나타나서 안타깝게 한다.

지금은 이 도로를 이용해서 친정에 간다. 이사 간 집과 새로 생긴 도로에 정을 붙이기까지는 많은 세월이 필요했다. 이제는 익숙해져서 도로의 편리함을 만끽하며 달린다. 사람들은 누구나 편리를 누리고자 한다. 편리가 불편을 부른다는 것을 알면서도 우선 편리를 받아들이지 않기는 어렵다.

며칠 전 일만 해도 그렇다. 밖에 나와 있던 나에게 연락이 닿아 갑자기 친정에 가게 되었다. 급한 일이기는 했어도 핸드폰이 없고, 차가 없고, 집 앞으로 난 고속도로가 없었다면 불가능한 일이었다. 저것들이 왜 생겨서 나를 이토록 불편하게 하나 했던 게 엊그제 같은데, 핸드폰도 차도 도로도 이제는 편리함을 위해 일상생활에서 없어서는 안 되는 존재가 되었다. 편리와 불편의 경계도 사람의 마음에 따라 수시로 변하는가 보다.

내가 살던 집터는 도로가 되고 없지만 그 언덕 밑에 조그만 텃밭이 남아 있다. 언제나 마음에 품고 있던 그곳에 가 보았다. 마늘이 심어진 작은 밭에 서서 주변을 둘러보니 옛 모습이 그대로 남아 있는 한두 채의 집과 길지 않은 골목이 눈에 들어왔다. 잘려나간 반 토막 골목을 보자 기쁨과 함께 슬픔이 밀려왔다. 고향을 삼켜서 난 고속도로의 편리함을 즐기면서도, 고향의 옛터를 생각하면 아쉽기 그지없다.

머지않아 나는 또 고속도로 위에서 없어진 고향 집마저 잊은 채 속도를 즐기며 달리고 있을 것이다.

가볍게 존재하기

　오랫동안 아파트에서만 살다 단독주택을 지어 이사했다. 대전 근교에 있으면서도 개발이 덜 되어 깊은 골짜기 같은 느낌이 드는 곳이다. 우리가 집을 지은 후, 집이 더 생겨 지금은 전원주택 단지같이 되었다. 띄엄띄엄 집이 있을 때보다 복잡해진 대신 생기 있고 자연과 조화가 이루어져 보기 좋다.
　처음 집을 짓고 이사 왔을 때, 찾아오는 사람들마다 개는 언제 데려오느냐고 묻곤 하였다. 단독주택에 살려면 당연히 개 한 마리 정도는 길러야 하는 것으로 여기는 듯했다. 그렇게 물을 수밖에 없는 사정은 또 있었다. 기술자들이 집을 짓고 떠나면서 아담한 개집을 하나 만들어 주고 갔는데, 그것이 뒤란에 빈 채로 있으니 그럴 만했다.

 이사 오기 전에는 우리도 개 한 마리 정도는 길러야 되지 않을까 하는 생각을 가지고 있었다. 그래서 개집을 만들 때도 이렇게 저렇게 주문을 넣었다. 막상 이사를 오니 일이 많아 개까지 들여놓았다가는 감당하지 못할 것 같았다. 강아지를 주겠다는 집에는 나중에 데려간다는 연락을 해 놓고 차일피일 미루고 있었다.

 그런데 막상 살아보니 위험하다거나 무섭다거나 심심하다거나 그런 거와는 거리가 먼 생활의 연속이었다. 그렇다면 굳이 개를 기를 이유가 없었다. 단독주택생활이 처음이라 막연히 개의 역할이 있을 것이라 생각한 것이지, 개를 좋아한 것은 아니기 때문이다. 뒷감당도 못할 개를 개집 때문에 기를 수는 없었다. 감당할 수 있을 여유를 기다리며 개집에는 개 대신 자잘한 물건들을 넣어 두었다.

 정들었던 개를 보내며 눈물짓는 이웃을 본 적이 있다. 처음에는 벗이 되어주던 개를 어느새 버거운 존재로 여기고 있었다. 맺은 인연을 끊기가 쉽지 않아 무거운 마음을 안고 힘들어했다. 애초에 신중해야 한다. 있는 것 잡도리하기도 바쁜데 살림을 늘렸다가는 감당도 못할 처지다. 무엇에 집착하다 보면 그 무엇의 노예가 되기 십상이다. 그러면서도 피아노 없앤 것을 내내 아쉬워하고 있었다.

 어렵게 장만한 피아노였다. 아이가 한창 피아노를 배우고 아름다운 곡들의 선율이 집 안을 가득 채울 때는 피아노가 반짝거리고 빛이 났다. 다른 공부하기 바빠 먼지가 쌓이기 시작하자 어느새 피아노는 짐이 되었다. 애정이 식어버린 애인같이 부담스러웠다. 간절히 원했던 때를 생각하면 참 미안한 일이다.

막내딸아이가 고교 졸업반이 되자 방을 넓게 해 주고 싶었다. 그리하려니 덩치 큰 피아노가 문제였다. 애물단지가 되어버린 피아노 때문에 고민하던 차에 친하게 지내는 남편의 후배 내외가 놀러왔다. 그 집 아이들이 마침 피아노를 배우고 있었다. 한 이삼 년 빌려주기로 했다. 그 집은 피아노 사는 고민을 해결했고, 나는 방을 원하는 대로 훤하게 바꿀 수 있어 좋았다.

시간이 흘러 아이들도 시간적 여유가 생겼고, 이사도 오게 되어 피아노를 가져오고 싶었다. 그래서 이제 피아노를 가져가겠다는 연락을 했더니, 그 집에서 돌려주기가 난처하다는 것이었다. 아직도 아이들이 피아노를 치고 있으며 흠집이 많이 생겼다는 것이다. 어쩔 수 없이 포기했던 것이 피아노에 대한 미련으로 남아 있었다.

그러던 중, 처분해 버리고 싶어하는 동생네 피아노를 가져오기로 했다. 피아노 옮기는 전문가에게 부탁하니 금액이 예상외로 높았다. 집이 시내가 아니라 웃돈이 붙었다. 이웃 분에게 부탁해 직접 가져오기로 했다. 무거운 물건이라 사고의 위험이 따랐다. 바짝 긴장이 되었다. 또 피아노에 대한 집착으로 번거로운 일이 벌어졌구나 싶으니 마음이 무거웠다. 놓을 자리를 만드느라 다른 가구들도 움직여야 했고 뒤따르는 일이 많았다. 첫날은 피아노가 보기 싫었다. 문을 닫아버렸다.

그래도 가져다 놓았으니 조율사를 불렀다. 조율된 음이 서서히 집 안으로 흘러내린다. 이내 집 안이 실안개에 젖은 골짜기가 된다. 청아하다. 집 안의 모든 것들이 저렇게 가볍고 청아하게 어울리면 얼마나 좋을까. 누구에게나 가벼운, 기분 좋은 존재감을 준다는 것이 어디 쉬운 일인가. 하기야 가벼움, 무거움 어느 한쪽만 있다면 삶이 건조무미할지도 모른다. 나에게 어느 한쪽을 선택하라면 나는 그래도 바람처럼 가볍기를 소망한다. 부담을 주지 않는 존재, 어디에서나 가치 있는 존재이기를 바란다. 지나가던 개가 마당으로 들어와 쫑긋 귀를 세운다. 쫓아내지 않는 것은 피아노처럼 조율되고 있는 내 마음의 흔적이다.

소중한 것은 가까이 있다

　금강산도 식후경, 꽃구경도 식후사라는 말이 있다. 아무리 재미있는 일이라도 배가 불러야 흥이 나지 배가 고파서는 아무 일도 할 수 없음을 비유적으로 이르는 말이다.
　생각보다 힘든 것이 여행이다. 딸아이와 일본의 관서지역을 여행하는 동안 지칠 때마다 "기름 좀 넣고 갈까." 하면서 수시로 김밥을 먹었다. 가방 속에 김밥이 있으니 든든했다. 기름을 채운 자동차가 더 잘나가는 것처럼 김밥을 먹고 힘을 냈다. 금각사金閣寺 구경도, 오사카성의 벚꽃 구경도 김밥을 먹은 후에 했기 때문에 멋져 보였다.
　삼 일 연속으로 김밥을 먹어도 맛있기만 했다. 아이는 김밥

재료 가져올 생각을 어떻게 했느냐고 묻는다. 처음엔 외국 여행 길에까지 김밥 재료를 가져갈 생각은 하지 못했다. 물가가 비싸다는 인식 때문에 짐을 챙기다가 순간적으로 생각했다. 아이가 좋아하니 덩달아 참 잘했다 싶다.

흔한 것도 때와 장소에 따라 다른 가치를 발할 수 있다. 나에게는 약방에 감초처럼 필요한 것이 김밥이었다. 언젠가 긴 시간을 도로 위에서 보낸 적이 있다. 눈(雪)에 갇혀 꼼짝할 수가 없었다. 답답하고 숨이 막히는 순간에 여유를 가지게 해준 것은 김밥이었다. 이웃집과 같이 떠난 여행길이라 넉넉하게 준비했다. 그날 도로 위의 사람들에게 큰 위로가 되었다.

이번 여행길에도 김밥 재료를 가져온 것이 도움이 되었다. 교환 학생으로 일본에 있는 딸아이가 집에 다녀가는 것보다는 내가 아이가 사는 곳에 가 보는 것이 낫겠다는 결론을 내리고 짐을 꾸렸다. 짐이라고 해야 아이에게 먹이고 싶은 음식들뿐이었다. 쌀을 비롯한 반찬 몇 가지와 음식에 넣을 양념 그리고 곶감, 호두, 사과 말린 것 등 자잘한 먹을거리였다. 혹시 하고 김밥 재료도 간단히 챙겨왔다.

도시 속에서 보내려던 마지막 하루를 김밥이 있어 공원으로 나섰다. 요코하마의 린코공원이었다. 풀밭 위에 김밥을 펼쳤다. 노니는 비둘기를 바라보며 김밥을 하나 들었는데 머리 위로 갈매기 무리가 모여들었다. 그 중 한 마리와 눈이 마주쳤다. 무릎으로 도시락을 눌렀다. 설마 사람을 공격하여 먹을 것을 구할까. 앉아 있을 수가 없었다. 자리를 걷고 일서서자 갈매기 무리는 옆으로 옮겨갔다. 옆에는 여학생들이 둘러앉아 햄버거를 먹고 있었다. 갈매기 한 마리가 쏜살같이 내려와 햄버거를 낚아챘다. 여학생들이 깔깔거리며 사방으로 흩어졌다.

공원의 갈매기들은 이미 그런 식으로 먹을 것을 구하는 법을 알고 있는 듯했다. 흔히 일어나는 일인지 사람들도 그렇게 놀라는 것 같지는 않있다. 일전에 아이가 바다를 바라보며 도넛을 먹고 있었는데, 갈매기가 손에 든 도넛을 채갔던 이야기를 했다. 던져주는 새우깡이나 먹던 해운대의 갈매기보다 일본의 갈매기는 사나웠다.

탐내는 놈이 있으니 김밥이 더 소중했다. 갈매기를 피해 눈버들 울타리 밑으로 옮겨 앉았다. 풀밭 위에서 김밥은 봄꽃이 피어난 듯 좋은 풍경을 만들었다. 풀밭 위의 풍경 속으로 지난 이야기가 떠올랐다. 평범하지만 소중한 이야기들이다.

김밥이 없었다면 무엇으로 대신할 수 있었을까. 아이들 생일 파티에도 어린이날에도 언제나 김밥이 있었다. 집을 비우게 되면 아이가 학교에서 돌아왔을 때 덜 허전하라고 식탁 위에 김밥을 두었다. 밥 차리기 귀찮은 휴일에는 자주 김밥으로 끼니를 해결하곤 했다. 가족나들이에도 김밥은 빠지지 않았고 명절을 쇠러 오가는 길에도 김밥을 준비했다.

때와 장소에 상관없이 한 끼 식사로나 간식으로나 손색이 없는 김밥. 지난 추억의 페이지마다에 색색의 김밥이 함께했다. 또 한 페이지의 이야기가 이어지는 지금도 기름진 고기가 아닌 수수한 김밥이 있다.

이번 여행처럼 김밥의 가치를 인식해 본 적이 없었다. 또 그것을 보호하고 간직하려 마음을 써 본 적도 없었다. 언제나 취해서 먹을 수 있는 것으로만 인식해 왔던 김밥. 누군가에 탈취당하거나 제 몸에서 벗어나야 그것의 가치를 알아주는 것이 사람의 마음인가 보다. 진정으로 소중한 것은 내 가까이 있는 것들이다. 당연하게 생각하여 고마움을 놓치고 산다.

비둘기가 따라와 흙을 쫀다. 비둘기를 향해 김밥 한 개를 굴러 보낸다. 동글해서 잘 굴러간다. 김밥을 좋아했기 때문에 나도 세상을 동글동글 살아온 것이라 하니 아이가 입을 내밀며 웃는다. 흔해서 만만한, 소박해서 부담 없는 것들이 사실은 긴요하다.

안과 밖

　골프장 울타리 밖에 차를 세웠다. 넓은 주차장에는 많은 차들이 세워져 있어 마치 자동차 전시장 같다. 운동하는 사람이 늘어나니 시설도 좋아지고 조경도 잘 되어 있다. 잔디밭은 융단같이 매끈하게 가꾸어져 있다. 가장자리에는 나무가 울창하게 자라 이들을 보호하는 듯하다. 울타리 안에는 성탄 휴일을 맞아 골프 연습장을 찾은 사람들로 북적거린다.
　잔디밭에 서서 잠시 심호흡을 한다. 코끝을 스치는 바람이 제법 차지만 춥지는 않다. 햇살은 만물을 밝게 비추어 맑음을 알린다. 울타리 안에서 골프연습을 하고 있는 친구의 모습을 눈으로 확인한다. 내가 손을 흔들자 답으로 친구가 한 손을 들어 보인다. 홀인원 상금으로 갈비를 사준 것이 고마워 약간 오버한다. 친구의 몸동작이 날아갈 듯 가볍다. 안과 밖을 구분짓는 것은 울타리뿐이다.

물리적으로는 안은 따뜻하고 밖은 추울 수도 있다. 하지만 마음에 따라 눈 쌓인 산을 오르면서도 안에 있는 것처럼 따뜻함을 느낄 수도 있고, 따뜻한 방에 앉아 있어도 춥다고 느낄 수도 있다. 상대로 인해 마음이 괴로울 때는 밖에 있는 듯 춥고 상대의 배려나 이해하는 마음을 느낀다면 비록 가진 것이 없더라고 결코 춥게 느끼지는 않는다.

오래전, 결혼 후 처음 집을 나왔을 때다. 구원병이 되어주지 못하는 남편을 원망하였다. 음식을 적게 하는 버릇 때문에 집안 어른들께 싫은 소리를 들어야 했다. 남편은 논리를 앞세우기 전에 눈치는 법을 배우라고만 했다. 현실적으로 잘 말씀드려 주기를 바랐던 내 마음과는 달리 탓하는 뜻으로 들렸다. 말은 자꾸 되뇌면 거칠어진다고 보기 싫다는 말을 끝으로 나는 방문을 걷어차고 밖으로 나왔다.

아이들을 놀이터에 데려다 놓고 벤치에 앉아 있으니 설움이 밀려왔다. 어둑해져 놀던 아이들이 집으로 돌아가고 우리만 남게 되었다. 남의 눈도 의식되고 놀이터에서 밤을 보내기는 무리였다. 김밥을 사들고 작은아이는 업고 큰아이를 의지삼아 언덕으로 올라갔다. 잔디밭에 앉아 아이들에게 김밥을 먹이다 보니 그곳이 골프연습장 울타리 밑이었다. 울타리 안에는 낮같이 불을 밝히고 골프 연습하는 사람들이 있었다.

그 모습이 부잣집 거실에서 거위요리를 먹는 것처럼 보였다. 나는 울타리 밖에 맨발로 서 있는 성냥팔이 소녀같이 느껴졌다. 맛있는 요리를 먹고 있는 저 사람들이 나와는 아무 상관이 없다고 생각하자 갑자기 무서움이 밀려왔다. 바로 뒤가 산이라 호랑이가 나와서 우리를 물고 가도 저 사람들은 모를 것이고, 남편은 우리를 찾지도 않으니, 주섬주섬 물건을 챙겨 아이들을 데리고 일어섰다.

그 와중에도 공은 장난감으로 그만이라는 생각이 들었다. 울타리를 넘어온 공을 주워 포대기에 쌌다. 아이들은 빨리 집에 가서 공을 가지고 놀고 싶어했다. 포대기도 없이 아이를 업었으니 자꾸 미끄러져 내려왔다.

아이 엉덩이 밑으로 마주잡은 손이 저렸다. 저린 손을 털어가며 두고 보자는 오기는 더해갔다. 아이가 둘인데다 공까지 한 보따리 들었으니 힘이 더 들었다. 나가라고 한 사람도 없었고 내 발로 나왔지만 들어가기는 싫었다.

공을 마음놓고 쏟아놓을 곳이 없었다. 바로 옆집에서부터 고향하늘 아래 사돈의 팔촌까지 떠올려봐도 우리를 반겨줄 만한 사람이 없었다.

살아오면서 비밀통장은 갖지 못했더라도 찾아가 하소연이라도 하고 며칠 비벼댈 곳이 있었어야 했는데 이렇게 낭패일 줄이야. 사는 것이 바빠 평소에 덕을 쌓지 못한 것이 더욱 춥게 느껴졌다. 한편으론 갈 곳은 많은데 아이들 때문이라는 핑계로 나를 위로했다.

마음은 장수고 몸은 졸개라더니 아이들을 데리고는 아무것도 할 수가 없었다. 성냥팔이 소녀처럼 밖에서 얼어 죽었다고 하면 남편의 정신이 번쩍 들겠지만 얼어 죽을 수는 없었다. 밥이나 차리기 위해 집으로 가는 것은 아니다. 현관 앞에서 아이들을 내려놓았다. 갈 곳이 많은데 아이들 때문에 집으로 왔다는 것을 강조했다. 남편은 우리가 골프장 잔디밭에서 놀다가 공이나 주워 온 것쯤으로 여기는 표정을 지었다.

골프에는 핸디캡이라는 룰이 있다. 능력과 경험이 서로 다른 사람끼리 동등한 기회를 갖기 위함이다. 공을 칠 때 나뭇가지나 돌멩이가 방해되어도 꺾거나 치울 수 없다. 공이 떨어진 위치가 낮으면 몸을 낮추고 높은 곳이면 고개를 숙여야 공을 칠 수 있다. 최고의 샷을 하기 위해 상황에 따라 자세를 취한다. 살아가면서 상대의 핸디캡을 인정하고 상황에 맞는 자세를 취할 수 있다면 누구나 기분 좋을 것이다.

세월이 흐른 지금 골프장 주차장에 차를 세우고 보니 안과 밖을 구분지어 느끼는 것은 마음에 달렸다. 울타리는 외면에 나타나는 현상일 뿐이다. 안에서 거위요리를 먹으면 따뜻할 것이라는 생각만 하고 밖의 공을 보지 못했다면 어땠을까. 현상 뒤에 있는 본질을 볼 수만 있다면 공을 치는 사람과 공을 줍는 나는 용도가 다를 뿐이다.

남편이 끊어온 골프연습장 이용권을 반납했다. 그것이 내가 원하는 안의 세계는 아니기 때문이다. 홀인원 상금은 아니지만 이 돈으로 친구에게 밥을 사야겠다는 생각을 하면서 천천히 차를 움직인다.

2부

다시 찾은 달빛

다시 찾은 달빛 | 공생의 묘 | 잠시 머무는 집 | 느림의 미학 | 비야리 서정
살구나무를 바라보며 | 자양분 | 뿌리 내리기 | 발효와 부패

다시 찾은 달빛

　나는 앵두나무를 좋아한다. 매화 향기에는 못 미치지만 앵두 꽃의 은은한 향기도 좋고, 가냘픈 가지에 앵두가 다닥다닥 달려 있는 모습도 보기 좋다. 앵두나무는 고향에 온 듯 위안을 주는 나무로 내 마음속에 자리잡고 있다. 보기 드물어 잊고 살았는데 앵두나무가 있는 언덕을 만났다. 녹두 빛 잎 사이로 붉게 빛나는 앵두를 한 줌 따 집으로 돌아왔다. 하얀 그릇에 담으니 붉은 앵두가 더 선명하다. 몇 알을 입속에 넣었다. 단물이 입안 가득 퍼진다.
　어릴 적 앵두나무 그림자 속에 숨어 앵두를 따 먹던 모습이 떠오른다. 보름달이 떠오르면 아이들은 가만히 있지를 못했다.

동네 어귀에 모여 숨바꼭질을 했다. 숨바꼭질을 할 때면 앵두나무 그늘에 숨는 것을 좋아했다. 술래가 나를 찾는 동안 앵두를 따 먹을 수 있으니 좋았다. 그때는 술래인 친구에게 들킬까 봐 단물을 마음놓고 삼키지도 못했다. 앵두는 풍선껌이나 십리과자보다 나를 더 유혹했다. 앵두 따 먹는 데 정신이 팔려 술래가 오는 줄도 모를 때도 있었다.

우리 집에는 앵두나무가 없었다. 대신 감나무와 무화과나무가 있었다. 남의 떡이 커 보인다고 앵두나무가 있는 친구네가 더 좋아 보였다. 울타리나 밭둑에 흔하게 있었지만 우리 것은 아니었다. 앵두꽃이 피고 앵두가 익으면 부러운 맘은 더했다. 붉은 앵두도 꽃처럼 예뻤다. 가느다란 가지에 촘촘히 핀 꽃을 꺾어 교탁 위에 꽂아 놓고 싶었다. 달빛이 환한 봄날 저녁 친구네 울타리에서 앵두가지를 꺾어 다음날 학교에 가져간 적도 있었다. 그 때는 선생님을 기쁘게 해 드리는 방법으로 교탁에 꽃을 꽂았다.

앵두꽃과 황매화를 번갈아 교탁 위에 꽂는 동안 동네에 변화의 물결이 밀어닥쳤다. 고속도로를 내기 위해 대대적인 공사가 벌어졌다. 줄이 그어지고 깃발이 꽂혔다. 동네 가운데로 덤프트럭과 포클레인이 들어오는 날 친구와 나는 위아래 마을로 헤어졌다. 사람들은 조상 때부터 살던 집을 두고 산자락 밑으로 새 집을 지어 이사했다. 사정상 아래 마을로 이사를 가게 된 친구네도 우리도 앵두나무, 감나무, 무화과나무를 두고 떠났다. 공사하는 사람들의 사무실과 숙소가 생기고 크러셔장과 콜타르 공장이 지어졌다. 공사장에 불이 켜지면서 조용하던 동네가 술렁거렸다. 인부들과 트럭이 연방 동네를 드나들었다.

부럽던 앵두나무도 황매화 울타리도 고속도로 밑으로 사라져 버렸다. 검은 아스팔트 위에 남은 것은 달빛뿐이었다. 우리들은 보름달이 떠오르면 새로 만들고 있는 도로 위로 모여들었다. 달빛은 공사장 불빛으로 상처를 입긴 했지만 여전히 우리를 설레게했다. 예전처럼 숨바꼭질을 했다. 감나무나 앵두나무 울타리가 없어졌으니 덤프트럭 뒤나 공사장 언덕에 숨었다. 기름 냄새와 신발 속에 차는 흙은 우리들로 하여금 숨바꼭질을 재미없게 했다. 놀이가 재미없어지기도 했고 어른들이 공사장 붉은 불빛 아래 더 이상 아이들을 놀지 못하게 단속했다.

쭉 뻗은 도로에 차들이 달리기 시작했다. 저 많은 차들이 어디에서 출발하여 어디로 가는 걸까. 그렇다면 길 끝나는 곳에 사람들이 얼마나 살까. 도로가 생기기 전에는 보지 못했던 수많은 차들을 따라 마음은 더 큰 세상으로 달렸다. 고속도로가 개통되자 달빛이 달리는 차 소리에 놀라 숨어 버렸는지 눈에 들어오지 않았다. 마음이 없으면 보아도 눈에 들어오지 않는 것이다.

고속도로를 따라 친구와 나는 도시로 나왔다. 휙휙 지나가는 고속도로 위의 차들처럼 도시생활은 속도를 요구했다. 머뭇거리면 옆에서 뒤에서 경적을 울리고 경고의 불빛을 번쩍거리며 앞

질러갔다. 여유를 가질 수가 없으니 고향에 두고 온 달빛을 생각해볼 겨를이 없었다. 마음이 지치고 허전할 때면 앵두나무가 있는 고향이 생각났다. 언젠가는 고향으로 돌아가 집을 짓고 앵두나무를 심겠다는 마음으로 위안을 삼았다.

그러던 중 땅을 조금 사게 되었다. 고향은 아니지만 마음에 두고 있던 집을 지었다. 울타리에 앵두나무를 심었다. 공사하는 데 귀찮다고 파 던져 놓은 것을 보자 마음이 급했다. 흙더미 속에 묻혀비리는 장면이 떠올랐다. 다시는 놓치고 싶지 않기에 정성들여 심었다. 두둑을 만들고 상처 난 가지를 쓰다듬었다.

그날 밤 자다 문득 잠이 깨었다. 낮에 심은 앵두나무를 보려고 창 쪽으로 갔다. 창 아래 마당이 불을 밝힌 듯 환했다. 무슨 빛일까 하고 고개를 들어 위를 보니 둥실 달이 떠 있었다. 내가 다른 데를 보는 동안 달은 내 머리 위에서 조용히 빛나고 있었던 것이다.

앵두나무는 역시 달빛 아래서 더 그 존재를 알리고 있었다. 아니 달빛이 찾아와 앵두나무의 정취를 도와주고 있었다. 한참을 바라보던 나는 어느새 어린 시절의 달밤에 깊이 들어와 있었다. 지난날의 추억을 되살리기에는 달빛이 그만이다. 그 달빛 아래 서는 순간 나는 순박한 시골 소녀가 된다.

공생의 묘

 4월의 마지막 일요일 아침, 까치 소리에 이끌려 밖으로 나왔다. 껍질이 검은 감나무에 아기 손바닥만 한 연둣빛 잎이 팔랑거린다. 파란 하늘을 배경으로 무성하지 않은 감나무 잎이 그림 같다. 까치 서너 마리와 올빼미 한 마리가 감나무 가지 사이로 바삐 오르내리고 있다. 올빼미가 감나무에 둥지를 튼 지 두 달이 좀 지난 오늘 벌어진 상황이다.
 가지가 세게 흔들렸다. 올빼미는 둔한 듯 강한 몸짓이다. 까치는 점점 요란하게 소리를 냈고 수가 늘어났다. 놀이는 아니었다. 까치가 올빼미를 공격하는 것이 분명했다. 새끼를 건사하고 있는 어미 올빼미를 공격하는 까치들의 행동을 이해할 수 없었다.

어린 새끼들이 화를 입을까 애가 탔다.

까치가 떠나자 올빼미는 둥지로 들어가 제 새끼들을 품었다. 알을 품어 한 달여 만에 부화된 새끼들이다. 알을 품었을 때처럼 돌아앉아 고개만 돌리고 눈을 감았다. 올빼미는 새끼들을 무사히 키워낼 수 있을까. 아름드리 감나무 구멍에 둥지를 튼 것이 신기해 여기저기 소문을 냈었는데 후회가 된다.

다시 왁자지껄한 소리가 들려왔다. 나가 보니 올빼미가 살고 있는 감나무 밭의 주인이 인부들을 데리고 와 있었다. 밭을 정리하러 온 모양이었다. 부엉이 새끼들은 괜찮을까 걱정되어 감나무에서 시선을 거둬들일 수가 없었다. 그래도 땅을 골라 가치를 높인다니 남인 내가 뭐라고 할 수도 없는 노릇이었다. 이미 그곳에 올빼미 가족이 살고 있다는 사실을 주인도 알고 있으니 별일이야 있을까.

굴착기가 들어왔다. 기계 소리가 울리고 인부들도 바삐 움직였다. 땅속에선 의외로 굵은 돌이 많이 나왔다. 감나무 밑에 돌을 쌓았다. 큰 돌은 굴착기로 옮겼다. 파고 밀어붙이고 굴착기의 힘은 대단했다. 팔뚝만 한 감나무 가지도 성냥개비처럼 부러졌다. 땅을 고르는 일만 눈앞에 보여 올빼미 둥지는 안중에도 없는 눈치였다.

올빼미 어미가 놀라 건너편 호두나무로 날아갔다. 사람들이 호기심으로 다가가거나 카메라를 들이댈 때도 잠시 몸을 피했다

돌아오곤 했다. 이번엔 돌아오지 못할 것을 예감했는지 먼발치에서 바라보고만 있었다. 사람들은 돌아갔지만 멀리서 올빼미의 절규가 들리는 듯했다. 어둠이 내리깔린 감나무 밑으로 가 보았다. 쌓아 놓은 돌 위에 올라서니 둥지가 코앞이었다. 새끼들만 어미를 기다리고 있었다.

감나무에는 올빼미가 먼저 와서 살고 있었다. 여러 해 동안 새끼를 까서 키우던 곳인데 땅주인이 바뀌면서 이제 그 자리가 없어지려는 것이다. 경제적 합리성이라는 이름 아래 자연성과 인간성이 동시에 파괴되는 현장이다. 누구의 터전도 파괴하지 않고 조화로이 살아갈 방법은 없는 것일까. 균형이 깨지면 어느 쪽도 잘 살아가기 어렵다.

다음날 아침 일찍 다시 감나무 밑으로 가 보았다. 어미가 왔다 간 흔적이 없었다. 냉장고에서 멸치를 가져와 새끼들의 입에 대었다. 입은 벌리지 않고 발을 뻗쳐 손을 밀어냈다. 해치지 않겠다는 무언의 마음도 통하지 않았다. 그냥 두었다가는 굶어 죽을 판이었다.

어린 새끼들을 굶게 할 수는 없었다. 다른 생명을 함부로 한다면 인간을 어찌 만물의 영장이라고 하겠는가. 여기저기 살릴 방법을 구하다 돌아와 보니 배고픔을 참지 못하고 한 마리가 떨어져 있었다. 돌 틈 사이에 끼여 힘없이 바라보는 눈빛이 애절했다. 돌을 치우고 끄집어 올렸다. 때마침 구조 요청을 받은 군청

공무원이 도착했다. 고무장갑을 끼고 새끼들을 꺼내 상자에 담았다. 야생조류 보호센터로 데려갔다. 살릴 수 있겠다는 전화가 왔다.

자연과 사람이 이익을 주고받으며 살아야 한다는 것을 이제야 안 것일까. 사람들은 떠난 야생의 새를 불러들이기 위해 새집도 달고 먹이도 놓아준다. 나비가 좋아하는 꽃도 심고, 개구리가 알을 낳을 수 있도록 작은 연못도 만든다. 두렵게 변하는 환경에 대한 반성이다.

휑하게 남은 올빼미 둥지로 자꾸 눈길이 간다. 잘 자라서 훨훨 날아가기를 바랐는데. 공생공존의 길을 무시하는 밭주인 때문에 애꿎은 올빼미 둥지만 파괴되었다. 올빼미가 살고부터 쥐도 없어지고 징그러운 뱀도 눈에 보이지 않아 좋았는데, 이젠 걱정이다.

온 세상에 봄이 곱게 수를 놓고 있다. 아름다운 자연 앞에서 공생의 묘妙를 다시 생각한다.

잠시 머무는 집

 삼 년 사이에 집을 네 채 지었다. 네 채 중 제일 먼저 지은 집에 지금 우리 가족이 살고 있다. 우리 집은 다른 사람의 손을 빌려서 지었기 때문에 형편보다 비용이 약간 더 들었다. 지어놓고 처음 얼마 동안은 아쉬운 점만 눈에 띄었다. 그러다가 이제는 이것도 감지덕지라는 마음을 가지게 되었다. 나머지는 우리 집을 짓고 남은 자재로 남편과 둘이 지은 세 채의 새[鳥]집이다.
 편하고 살기 좋은 집을 짓기가 생각보다 어려웠다. 평범한 아파트에서 살았으니 살던 아파트 내부처럼 설계하고 마감을 하겠다는 점을 강조했다. 이왕 짓는 집이니 크게 짓고 더 좋은 자재를 쓰라는 유혹이 많았다. 남의 집이 거대한 것은 보기 좋은데 내가 살 집이 거대한 것은 감당하기가 힘들 것 같았다. 그래서 그저 살림하기 편하도록 짓는 것과 분수에 넘치지 않으려고 애썼다.

나름대로 요모조모 따져서 지었는데도 미비한 점은 더러 있었다. 집 모양을 따지다 보니 다용도실이 작게 나왔고 최종 설계도에서 온실도 뺐다. 어차피 계단 밑에 공간이 생기고 다락이 있으니 그곳을 활용하면 될 것이라 생각했다. 그런데 막상 살아보니 계단 밑 창고나 다락방이 그것들을 대신하지는 못했다. 겨울이면 분에 심은 화초들을 둘 곳이 마땅찮아 이리저리 들고 다닌다. 이것도 차차 화분 수를 줄여 해결하기로 했다.

집 뒤에 산이 있는데 여러 가지 나무가 어우러져 숲이 깊다. 그래서 그런지 새들도 많다. 그들을 위해 새 집을 짓기로 했다. 처음 짓는 새 집이라 형태만 갖추어 덱 위에 두었다. 철이 맞지 않아 입주자가 나타나지 않고 해를 넘기고 말았다. 다시 봄이 되어 새 집을 지을 준비를 했다. 이번에는 새가 둥지를 틀기 좋도록 짓기 위해 관련 책을 사서 참고했다. 베란다도 넣고 드나들 때 숨을 고르는 턱도 만들었다.

세 번째는 한꺼번에 두 채를 완성했다. 뒤꼍의 들보 밑에 나란히 두었다. 집은 세 번은 지어야 제대로 짓는다고 하더니 정말 그런 것인지. 세 번째 지은 집 두 채에 새가 둥지를 틀고 새끼를 까서 날아갔다. 덱 위에 있던 한 채는 감나무 가지 사이로 옮겨

놓았다. 그 집에도 새가 드나들더니 알을 품었다. 그림처럼 예쁘지 않아도 되었고, 크지 않아도 충분했다. 편리하건 불편하건 새들에게 집이란 잠시 머무는 곳이었다.

그들도 훨훨 날아갔다. 알을 품어서 까고 먹이를 나르더니 날갯짓을 할 수 있게 되자 이내 집을 떠났다. 어미도 새끼도 다시는 돌아오지 않았다. 처음 며칠은 나고 자란 집이니 한 번쯤 찾아오지 않을까 하고 새 집 주위를 두리번거리기도 했다. 새끼들이 험한 세상에 견디기 힘들면 쉬러 오겠지 싶어 새 집을 들여다보기도 했다. 다시 둥지로 날아드는 일은 없었다. 새에게 집이란 도구일 뿐이었다. 꼭 필요하지만 하나의 큰 도구에 지나지 않았다.

언젠가 미술전람회에 갔다가 고갱의 그림 앞에서 강하게 끌린 적이 있다. 긴 제목의 그 그림은 오른편에서 왼편으로 파노라마처럼 시간의 변화를 담아내고 있었다. 맨 오른쪽에 누워 있는 아기는 우리의 지난 과거이고, 그림 중앙에서 지혜의 과실을 따는 젊은이는 우리의 현재 모습이며, 왼편 구석에 쭈그리고 앉아 닥쳐올 죽음의 고통을 귀로 막고 있는 노인의 모습은 바로 우리 미래의 모습이다.

오래 서 있게 한 그 그림의 제목은 〈우리는 어디서 왔는가? 우리는 누구인가? 우리는 어디로 갈 것인가?〉였다. 수첩에 그 그림의 제목과 설명이 적혀 있다. 새의 자유를 통해 화두로 와 닿았던 이 근원적인 물음에 답할 무엇이 보이는 듯했다. 갓난아기로 태어나 노인으로 늙어 죽어가기까지 길지 않은 시간이다.

사람이 집을 짓는 것도 새가 둥지를 트는 것과 큰 차이가 없는 일이다. 자주 잊어버리고 살지만 집이란 잠시 머무는 공간이다. 새들이 나뭇가지에 앉아 노래 부른다. 배가 조금 고픈 지금이 노랫소리가 더 맑게 들린다.

느림의 미학

 느리게 사는 것이 아름다운 삶이라는 것을 누가 모르겠는가. 삶에 여유를 주는 느림의 가치는 알지만 바쁘게 돌아가는 생활 속에서 생각대로 실천하는 것이 어렵다. 몸과 마음의 여유를 찾기 위해 오랫동안 익히고 삭힌 음식을 먹어야 되고, 제 땅에서 난 제철 음식을 먹으면 좋다는 것도 안다. 마음대로 안 되는 것이 문제다.
 당장은 쓸데가 없는 물건을 창고에 넣어 두듯이 때를 기다리며 마음에 담아둔 일이 있다. 언젠가는 바쁜 생활에서 벗어나 여유 있게 살면서 꺼내어 실천하리라 했던 일이 메주 만드는 일이다. 그 일에 대비해 무쇠 솥을 걸었다. 아무 때나 하는 일이 아니라니 골라잡은 날이 겨울로 접어드는 오늘이다. 여러 번 벼르던 일을 막상 하려니 분주하다. 분주함을 덜기 위해 남편에게 도움을 청했다.

콩은 세 번에 나누어 삶기로 했다. 콩 삶는 일은 처음이라 조심스러웠다. 묵은 콩을 먼저 안쳤다. 불린 콩을 무쇠솥에 넣고 밥을 안칠 때처럼 손등을 찰랑찰랑 덮을 만큼 물을 부었다. 그러는 사이 남편은 아궁이 가득 장작을 포갰다. 마른 장작이라 쉽게 불이 붙었다. 불이 완전히 붙고 나니 여유가 생겼다.

장작이 타는 동안 우리는 홍시를 따 먹기로 했다. 남편은 장대로 홍시를 따고 나는 바가지를 들고 그것을 받았다. 얼었다 녹았다 한 감이라 작은 흔들림에도 여기저기서 툭툭 떨어졌다. 떨어진 홍시를 주워 먹으랴 따 내리는 홍시를 받으랴 정신이 없었다. 서리 맞은 감이라 달았다. 홍시 바가지를 들고 발걸음도 가볍게 아궁이 앞으로 왔다.

그런데 이게 웬일인가. 이미 솥 주위는 아수라장이었다. 솥뚜껑은 한쪽으로 열려 있고 콩물은 넘치고 있었다. 무거운 무쇠솥 뚜껑을 어떻게 밀어올렸을까. 넘친 콩물이 장독대에 흥건하게 흘러 종이배라도 띄울 정도였다. 장작은 이에 아랑곳하지 않고 솥이라도 녹일 기세로 타고 있었다.

급한 대로 찬물 한 바가지를 끼얹었다. 공포에 질렸던 콩들이 일시에 한숨을 쉬며 쪼그라들었다. 솥 안이 잠잠해졌다. 언저리로 넘쳐나온 콩들을 집어넣었다. 아궁이의 장작을 덜어냈다. 불꽃이 풀이 죽었다. 솥뚜껑 아래로 간간이 김이 새어나왔다. 구수한 냄새가 코끝에 와 닿았다. 뒤뜰에 한바탕 전쟁이 지나가고 평화가 찾아드는 듯했다.

솥바닥을 볼 수가 없으니 물이 얼마나 남았는지 알 수가 없었다. 다시 쿵쿵거리며 피어오르는 수증기에 코를 대어 보았다. 타는 냄새가 가슴을 쿵 울렸다. 찬물 한 바가지를 부었다. 요란한 소리를 내며 노란 콩 사이로 검은 물이 올라왔다. 가슴까지 검은 물이 와 닿는 듯했다. 한 시간 간격으로 불을 넣었다 뺐다 하라고 하신 어머니 말씀이 그제야 생각났다. 뭉근히 삶으라는 뜻이다.

여유를 가지고 살려 했다. 질주하는 도회지를 떠나 한가로운 시골로 집까지 옮기면서 느리게 살자 했다. 인스턴트식품은 냉장고에서 없애고 느리더라도 내 손으로 하나씩 만들어 먹어보자고 했다. 콩을 삶으면서 서서히 불을 때지 못하고 한꺼번에 장작을 밀어넣고 또 다른 일을 도모했으니, 그 콩이 제대로 삶아지겠는가.

다시 가다듬는다. 콩도 아깝지만 열심히 도운 남편에게도 미안했다. 지금부터는 알아서 할 테니 들어가서 스포츠 중계나 보라며 집안으로 들여보냈다. 콩을 삶기 시작할 때는 홍시처럼 달콤하고 차진 마음이었다. 어느새 내 마음은 검게 탄 콩이 되어

버석거렸다. 한참을 아궁이 앞에 앉아 버석거리는 마음을 긁어내었다. 삶의 여유는 거저 주어지는 것이 아니었다.

 이번에는 해콩을 안쳤다. 아궁이에 가득 밀어넣었던 장작을 헐렁하게 만들었다. 장작에 불이 붙어도 아까처럼 왕성하지 않도록 배려하였다. 그래야 콩이 서서히 익을 것이다.

 느리더라도 멋을 즐기려던 마음은 다 어디로 갔는지, 순간순간 잃어버릴 때가 많다. 조금만 정신을 놓으면 조급증이 비집고 들어와 진을 친다. 바쁘지는 않지만 부지런하게, 게으르진 않지만 여유 있게 살고자 했던 마음을 다시 움켜잡아 본다.

 천천히 불을 때니 넘칠 일이 없다. 콩이 뭉근하게 삶아지고 있다. 타닥타닥 장작 타는 소리가 가볍다. 굴뚝에선 푸른 연기가 피어오른다. 초겨울 저녁이 평화롭다. 이 아늑함에 다시는 찬물 끼얹는 일이 없기를 기원해 본다.

비야리 서정

 산 아래 집을 지어 이사하고 처음 맞은 여름이다. 밭둑 언덕배기 산자락에 야생초가 많으니 어릴 때 바구니 옆에 끼고 헤매던 고향 언덕을 만난 듯하다. 갖가지 야생 나물은 반찬이 되고 감자 고구마는 쉽게 구할 수 있는 간식거리다. 내다팔기 위해 전문적으로 지은 농산물이 아니기 때문에 품세는 좀 모자라는 것들이다. 복잡하게 요리하지 않고도 그것들은 얼마나 맛이 있는지.
 으스름 저녁 뒷문을 여니 애호박이 놓여 있다. 아랫집 아주머니가 밭에서 일을 마치고 지나다 두고 간 것이 분명하다. 처음 뒷문 옆에 야채가 놓여 있을 때는 놀랍고 반가웠다. 감격스러워 한참이나 쭈그리고 앉아 봉지를 들여다보았다. 시원한 매실차라도 한 잔 드렸어야 했는데, 눈치도 못 채고 그 순간을 놓친 것이 아쉬웠다. 두 번째는 반가운 마음에 '또 있다.'고 식구들을 향해 소리쳤다. 이제는 혼자 조용히 봉지를 들여다보며 어떻게 보답할까 생각해 본다.

설거지를 끝내고 집단속을 하는 저녁이면 어느새 버릇처럼 뒷문 쪽을 둘러보게 된다. 하루 이틀 건너 채소를 갖다 놓는 배려가 있기 때문이다. 상추에서부터 토마토, 오이, 가지, 옥수수까지 없는 게 없다. 가끔 식구들이 풀밭에 들어선 소 같다며 반찬 타박을 한다. 나에게는 그것이 타박하는 소리로 들리기는커녕 즐거운 비명으로 들린다.

그래서 전에는 잘 먹지 않던 가지나물을 이틀에 한 번씩 무친다. 옛날식으로 찜통에 쪄서 쭉쭉 찢어 무치면 말랑말랑한 것이 맛있다. 이제야 제대로 된 가지나물을 먹어본다. 애호박을 납작납작 썰어 살짝 절여 물기를 닦고 전을 부치면 달착지근하다. 이파리에 구멍이 숭숭 뚫린 열무김치도 보기 좋은 채소로 담은 것보다 더 맛깔스럽다.

그럴싸한 광고를 보고 찾아가도 음식이 실망스러울 때가 많았다. 최젓값으로 판다고 외치는 채소도 사기가 망설여졌다. 쏟아져 들어오는 광고지를 일과처럼 뒤적이고 텔레비전을 켰었다. 도시 속에서는 필요한 것들이었다. 여기서는 가게 하나 없으니 들리는 것은 자연의 소리뿐이다.

"뻐꾹 뻐꾹" 뻐꾸기 소리가 귀에 쟁쟁할 때는 봄이었다. 봄이 깊어 백화난만할 적에 박새 가족은 "쥬쥬, 치이 치이" 높은 소리를 내며 우편함 속에 살림을 차렸다. 박새 가족이 떠난 것이 아쉬워 산을 올려다보니 어느새 여름이다. 자연의 소리에 귀 기울이다 보니 까마귀 소리도 정답게 들린다. 새소리보다 더 마음을 데워주는 소리는 사람 소리다. 세상에 사람이 주는 울림처럼 아름다운 것이 있을까.

애호박을 놓고 가는 준이할머니는 애호박처럼 몸이 작다. 뒷모습이 나무 아래 길가로 내려앉은 작은 새들의 움직임같이 평화롭다. 살구나무 가지처럼 낭창한 몸매를 가진 문기아저씨, 여러 대의 농기구와 셀 수 없는 동물 가족들, 그리고 배나무를 비롯해 각종 과실나무 다루는 솜씨가 능수능란하다. 새 이웃에게도 이와 같이 대한다. 이들의 발걸음 소리는 제각각 다르지만 모두 다 정겹다.

휑하던 마당도 사람들이 가져다주는 꽃모종으로 채워졌다. 갖가지 꽃은 동네 사람들처럼 색깔과 성질이 다 달랐다. 약방의 감초 같은 꽃이 있는가 하면 있는 듯 없는 듯 튀지 않는 색깔로 피는 꽃도 있다. 짧은 시간 화려하게 피는 꽃도 있고 여러 날 수수하게 피는 꽃도 있다. 어느 색깔로 피어도 잘 어우러져 아름답고 평화롭다.

어느새 내 마음의 꽃밭에도 갖가지 꽃씨가 움트고 있다. 마당이 채워지는 것처럼 비우고 덜어낸 마음자리에 귀하고 아름다운 꽃들이 피어나면 향기가 나고 새들이 날아오겠지. 누군가에게 감동을 주는 꽃밭이고 싶다.

  여기는 산이 둘러싸고 있는 골짜기다. 둥그런 하늘엔 별이 총총하다. 마당에 내려앉은 달빛이 순하다. 이곳에는 달빛만큼 순한 사람들이 산다.

살구나무를 바라보며

 벌써 입안 가득 침이 고인다. 한쪽 눈까지 찡그려진다. 시장에 나온 매실을 보고는 마음이 급해 대소쿠리를 들고 매실나무 밑에 섰다. 볼이 통통한 것도 있고 아직 덜 자라 초록 구슬 같은 것도 있다. 토실한 것이 손에 잡힐 때는 감촉이 좋다. 구슬같이 작은 것을 딸 때는 마음이 짠하다. 털이 보송보송한 것을 따보니 작은 대소쿠리 남짓하게 되었다.
 양이 많지 않아 장아찌만 담기로 하고 마늘쪽 만하게 오려내었다. 연한 소금물에 하루 절인 후 건져내어 설탕에 재워 두었다. 보름 정도 지나면 즙이 생기고 쭈글쭈글해질 것이다. 그것을 꼭 짜서 간장과 고추장을 섞은 양념에 버무리면 된다. 한동안 다른 반찬은 밀려나겠지. 올핸 진짜 매실 장아찌를 먹을 것이다. 살구 장아찌처럼 맛이 있으려나.

　친정에서 밭을 묵혀 놓을 수가 없어 매실나무를 심은 적이 있었다. 그때는 매실을 찾는 사람도 없었고, 약술이나 담는 외에는 쓸모없어 돌보지도 않을 때였다. 그러니 키만 커서 해가 드는 위쪽에만 꽃이 피고 열매도 높은 곳에만 달렸다. 매실을 딸 때는 장대로 두들겨 따야 했다. 흔히 산자락이나 밭둑에 있는 산 복숭아처럼 약에나 쓰는 정도였다. 저 혼자 여물어가도 다른 과일처럼 귀하다는 것을 몰랐다.

　그러던 것이 매실을 가까이 하게 된 계기가 있었다. 어느 해, 텔레비전드라마를 본 후 병을 낫게 하는 성분이 매실에 있다는 것을 알게 되면서였다. 수요가 갑자기 늘고 값도 대여섯 배씩 올랐다. 이웃 농장에서 몇 해 매실을 거두어 가기도 했다. 여러 매체에서 봄마다 매실 홍보를 하고 매실 농장이 관광코스가 되면서 귀한 대접을 받게 되었다. 덩달아 즙을 내고 장아찌를 만들고 매실고추장을 담갔다.

　매실에 관심을 더욱 쏟게 된 것은 법정스님의 ≪남도 꽃 마중 이야기≫를 읽고서이다. 그 글을 읽은 후로 매실의 꽃과 열매를 더 좋아하게 되었다. 내 집 마당에 매화를 두고도 더 빨리 더 많은 꽃송이를 만나고 싶어 남도로 꽃 마중을 나서곤 했다. 꽃 마중을 못가는 해엔 아쉬워하며 마당의 매화로 마음을 달랬다.

몇 송이 따서 찻잔에 띄워놓고 향을 맡기도 했다.

　매실이 좋다고 너도나도 찾으니, 시장에서 파는 매실 속에는 더러 살구가 섞여 있기도 했다. 실제로 아파트 앞마당의 살구가 내내 매실로 대접받은 것을 보면 알고 섞어서 판 것은 아닌 듯하다. 관리소에서 붙여준 이름표에 '살구나무'라고 씌어 있는 것을 보고 어찌나 우습던지. 매화로 알았던 나보다는 매년 매실을 따 간 할머니는 어쩌란 말인가. 하기야 같은 종이니 플레시보 효과만 있지는 않았을 것이다.

　그런데 알고 보니 매실을 정확하게 알고 있는 사람이 의외로 주변에 많지 않았다. 살구꽃이 제 스스로 '나는 매화요.' 한 적은 없다. 사람들이 매화로 알고 향을 맡고 매실이 달렸다고 좋아한 것이다. 살구나무와 매실나무를 구분하지 못한 것은 내 잘못이다. 매실이 살구였다는 경험을 한 것이 얼마 되지 않았음에도 작년에 또 그런 일이 있었다.

　이사 온 집 마당에 몇 그루 있는 것이 매실인 줄 알고 모조리 따서 즙을 만들고 장아찌를 담갔다. 올봄 꽃이 피었을 때만 해도 매화가 피었다고 좋아하였다. 다른 사람들도 덩달아 매화를 따서 코에 갖다 대고 향을 맡기도 했다. 열매가 구슬만큼 컸을 때 그것이 살구라는 사실을 알게 되었다. 그 중에 진짜 매실나무는 딱 한 그루뿐이라니 허망했다.

　목마를 땐 갈증을 풀어주는 음료수로, 과식 후엔 소화제로, 매실장아찌와 고추장은 입맛 돋우는 보약처럼 아끼며 먹었는데 그것이 살구였다니. 봄의 전령이 왔다고 친구를 청하기도 했는데 낯 뜨거운 일이 되었다. 가을쯤엔 베어 버려야겠다는 마음을 먹고 있는데 살구가 노랗게 익어 가고 있다. 떨어진 살구를 쪼개어 입에 대어 본다. 달착지근하다.

　매실이 좋다 살구가 좋다 단정지을 수는 없지만, 내가 알고 있던 대로 이왕이면 매실이었으면 하는 아쉬움이 남는다. 꼭 매화라서 매실이라서 내게 기쁨을 주고 약이 된 것은 아닐진대 편협한 마음으로 세상을 본 것은 아닌지. 위장을 청소해 주는 성분이 있다는 매실처럼 이렇게 인연이 된 살구나무가 편리대로 세상을 보는 내 눈을 씻어준 셈이다. 살구나무는 살구나무대로 두고 나란히 매실나무를 심으면 될 것을. 혼자 찧고 까불고 한 꼴이다. 매실나무라 생각했던 것이 살구나무여도 괜찮다는 생각을 해 본다.

자양분

 옆집에서 강아지를 키운다. 작년 봄, 그 강아지는 주인을 대동하고 자주 산책을 나왔다. 골목을 훑고 다니는 녀석은 마치 골목대장 같았다. 다리를 들고 군데군데 볼일을 보아 영역표시를 했다. 집으로 들어와 모종이 심어진 꽃밭으로 어슬렁어슬렁 코를 끌며 한 바퀴 돌 때는 마음이 조마조마했다. 하루는 바로 가지 않고 대문 옆에 서성거렸다. 주인이 불러서야 달려가는 꼴을 보며 이상하다 했는데 눈에 띄는 것이 있었다. 개똥이었다.
 분명 눈으로 쫓고 있었는데 어느 새 볼일을 보았을까. 그럴 줄 알았다면 바로 쫓아버렸어야 했다. 주인을 앞세운 녀석의 눈치를 본 것이 문제였다. 마음 같아서는 주인더러 치우라 하고 싶었지만 이웃 간에 그럴 수도 없었다. 호미로 구덩이를 파고 그 자리에 묻었다. 그것을 멀리 치우기는 더 괴로운 일이었다. 옆에 선 꽃나무에게 미안했다. 전봇대도 꽃나무도 나도 강아지로 받는 스트레스가 많았다.

그러고는 여름이 되었다. 비가 한 번 올 때마다 꽃나무가 쑥쑥 잘 자랐다. 조롱조롱 유난히 꽃송이를 많이 달았다. 분명 내가 가꾼 정성 외에 다른 힘이 보태졌다는 것을 느낄 수 있었다. 햇볕과 바람과 비가 아닌 그 무엇은 바로 개똥이었다. 늘 먹는 밥 외에 고단백의 영양제를 먹은 덕이었다.

움직임이 활발해지는 봄에는 식물이고 사람이고 많은 자양분이 필요하다. 알맞게 비가 와 주면 햇볕과 바람으로도 쑥쑥 잘 자란다. 그래도 질 좋은 채소를 얻기 위해서는 거름을 넣고 비료도 뿌려야 한다. 사람도 밥만으로 봄 나기가 힘들 때는 영양제나 보약으로 보충을 해 주는 것과 같은 이치리라.

요즘은 꽃피고 새잎 나는 것을 보기만 해도 몸속으로 에너지가 스며든다. 벌써 화살나무의 새순을 따서 팔러 나온 아주머니를 만났다. 산에 흔하게 있는 나뭇잎이 맛있는 나물거리라는 것이 신기하다. 봄나물을 안고 앉은 아주머니는 활기를 팔고 나는 활기를 산다. 화살나무에서 순을 딴 홑잎나물을 먹어 보기는 처음이다. 그냥 지나친 것들이 알고 보면 무엇 하나 소중하지 않은 것이 없다. 아무짝에도 쓸데없다고 여겼던 강아지 똥이 꽃나무의 자양분이 되어준 것처럼, 세상을 밝히는 것은 작은 것들이다.

길가에 보얗게 쑥이 돋아나 있다. 강아지도 밟고 나도 밟고 다닌 곳이다. 한 포기 풀, 쑥으로 봄날이 환하다. 잃었던 입맛을 살리기 위해 쑥을 캔다. 그럴 줄 모르고 마구 밟았던 것이 미안하다. 봄을 심하게 타는 나는 해마다 쑥국과 쑥 개떡에서 힘을 얻는다.

옆집 강아지가 혼자 산책을 나왔다. 쿵쿵거리며 쑥 캐는 옆으로 돌아다니는 꼴이 귀엽다. 전봇대 옆을 돌아도 밉지 않다. 그곳에는 토끼풀이 자라고 있다. 밭에 어슬렁거려도 가벼운 마음으로 결과에 대하여 생각해 보기까지 한다. 생각을 바꾸니 강아지로 인해 전봇대도 꽃나무도 나도 기분이 좋다.

강아지를 불러 본다. 밉게 보일 땐 손사래를 치며 쫓아도 아랑곳하지 않았다. 이제는 가라면 가고 오라면 온다. 사람과 사람 사이에만 정이 드는 건 아닌가 보다. 이웃과 맘 상하지 않기 위해 참긴 해도 제발 저놈의 꼴을 안 봤으면 했는데 지금은 좋은 맘으로 볼 수 있으니. 온통 골목을 어질러 놓는 무법자였던 강아지가 꽃밭을 가꿀 때 말동무가 되어 주는 귀여운 강아지가 되었다. 변한 건 강아지가 아니다.

영양제보다 더 활기를 주고 살맛나게 하는 것은 즐거운 마음이다. 마음만 열면 풀 한 포기로도 행복해질 수 있는 게 우리의 삶이다. 인연으로 만난 사람들, 동물들, 식물들, 강아지 똥까지 어느 것 하나 헛된 것은 없다. 멀리 던져버렸으면 부서져 사라졌을 강아지 똥을 소중한 거름으로 받아준 꽃나무가 있었듯이, 몸과 마음의 자양분이 될 무엇은 마음먹기에 달렸다. 따뜻한 사람을 만나고 돌아서면 그 여운으로 얼마 동안은 좋은 기운이 솟는다. 약국이나 시장으로 가지 않아도 영양제를 섭취한 것과 같은 효과는 얼마든지 있다.

뿌리 내리기

　요즈음 집에서 보내는 시간이 많다. 지금은 어느 것도 나를 집 밖으로 불러내지 못한다. 보드란 공기와 흙의 감촉만큼 좋은 것은 없다. 그래서 되도록 밖에 나갈 일을 줄이려고 애쓴다. 볼일이 있어도 두세 가지 정도 모아서 한다. 그렇다고 집에서 대단히 의미 있는 일을 하는 것도 아니다. 그저 창밖 풍경을 보거나 폭신해진 마당을 거닐거나 한다. 그러다 보면 땅속에서 겨울을 난 뿌리들의 웅성거림이 들리는 듯하다. 싹을 틔우려는 신호인지 땅이 굵게 갈라진 곳도 있고 실금이 보이는 곳도 있다.

　이른 봄에 피는 꽃은 이미 꽃대를 밀어올렸다. 작년에 심어 놓은 것들이다. 살아 있는 모든 것들은 참으로 생명력이 강하다는 것을 절감한다. 죽은 듯 엎드려 있던 까만 돌단풍 뿌리에서 꽃대가 나왔다. 여러 번 옮겨 심었기 때문에 죽었을 것이라 생각했는데 제일 먼저 신호를 보내왔다. 자리잡을 만하면 옮기고, 한숨 돌리고 뿌리를 내리려면 옮기고, 정신을 차릴 수가 없었을 텐데 기특하다.

돌단풍의 고향은 강원도 산골짜기다. 작년여름 아는 사람이 등산길에 가져다 준 것이다. 돌 틈에 심어보라며 열댓 뿌리가 든 봉지를 내놓았다. 자라는 곳이 계곡 돌 틈이라 돌 틈에 묻었다. 물이 흐르는 조건을 갖추지 못했으니 물을 자주 주었다. 며칠 들여다보니 아무래도 마른땅에 묻어둔 것이 마음에 걸렸다. 습기가 많은 쪽으로 파서 옮겼다. 얼마간은 물도 주고 자주 들여다보았는데 겨울로 접어들면서 이내 잊어버렸다.

먼 곳으로 이사 온 것만으로도 힘들 텐데 이리저리 옮겨심기까지 했으니 어지러웠을 것이다. 채 눈도 떠 보지 못하고 옮겨 다니다 겨울을 맞고 말았다. 꽃을 피우기 위해 안으로 힘을 모아야 될 시기에 제 생명을 지키기에 얼마나 힘이 들었을까. 그런데도 어쩜 한 뿌리도 죽지 않고 살아 있었다.

해가 잘 드는 쪽으로는 꽃대가 실하게 올라오고 해가 덜 드는 쪽은 가느다란 꽃대가 올라왔다. 실하게 올라온 꽃대를 보니 가늘게 올라온 뿌리를 양지쪽으로 또 옮기고 싶었다. 봄이라 시기적으로 잘 맞으니 내년에는 더욱 튼실한 포기가 되리라 믿고 조심스럽게 옮겼다. 이번에는 오래전부터 화분에서 키우던 한 포기까지 같이 옮겨 심었다. 며칠 되지 않아 몸살도 없이 꽃이 피고 잎이 나왔다. 어느 새 키가 한 뼘은 되게 자랐다.

화분에서 땅으로 옮긴 것이 더 세력이 좋았다. 계곡에서 자라던 것을 아파트 베란다 화분으로 옮겨온 것이었다. 사는 환경이 달라져 적응하기 힘들까 잘 돌보고 정성을 들였다. 영양제도 뿌려주고 행여 자리가 좁아 불편할까 화분을 이삼 년에 한 번씩 바꾸어 주기도 했다. 반짝거리고 윤나는 화분에서 식물에 좋다는 토분까지 모양과 크기를 달리해가며 좋은 환경을 만들어 주려고 애썼다. 추위와 더위를 막아주고 때맞추어 물주고 영양제까지 주었건만 잎만 나고 꽃이 피지 않더니 땅으로 옮기자 바로 꽃이 피었다.

봄에는 이사하는 사람들이 많다. 사람도 식물처럼 적응하기엔 봄이 좋은가 보다. 나도 여러 번의 이사를 주로 봄에 했다. 이런저런 이유로 이사를 많이 다녀도 그동안에는 아파트에서 아파트로만 다녔다. 좀더 살기 좋은 곳을 찾아 이사를 다녔다. 이사할 때마다 뿌리를 내리고 살기 위해 이것저것 준비를 단단히 했다. 그런데도 채 적응도 하기 전에 다른 곳으로 이사한 적도 있었다.

아파트는 사람이 살기에 참 편리하다는 생각을 한다. 누군가 관리를 해주니 잔손이 덜 가고 추위와 더위를 비교적 쉽게 피할 수 있다. 문만 닫으면 사생활이 완벽하게 보장된다. 재테크 수단으로도 한몫한다. 그런데도 오래 살지 않고 옮겨다녔다. 한곳에서 단단히 뿌리를 내리고 오래 사는 사람들을 보면 좋아 보인다.

아파트로만 여러 번의 이사 끝에 단독주택으로 이사를 왔다. 주택은 아파트처럼 편리하진 않다. 잔손이 많이 가고 무엇이든지 직접 해야 된다. 사람이나 식물이나 아무리 좋은 환경으로 옮겨도 터전이 바뀌면 힘이 들기 마련이다. 어떤 곳이든 오래 살다보면 뿌리를 내리고 성장이 있을 것이라 믿는다.

뿌리를 내리기까지가 어렵다. 뿌리를 내리면 그 다음부터는 순탄해진다. 키도 자라고 잎사귀도 무성해져 그늘도 생긴다. 새로 이사 온 집이 나와 돌단풍이 뿌리 내리기에 알맞은 장소가 되리라. 올봄, 굳건히 뿌리를 내린 돌단풍을 보며 이곳이 적소適所라는 생각을 해 본다.

발효와 부패

 장마철이라 장독대 옆이 지저분하다. 달랑 한 개 남은 장 항아리에서 냄새가 난다. 장이 익을 때 나는 단내가 아니라 좋지 않은 냄새다. 발효가 되고 있으면 단내가 나지만, 부패가 되면 좋지 않은 냄새가 난다. 발효가 되어 나온 음식물은 사람이 먹을 수 있지만 부패의 결과로 나온 부산물은 사람이 먹을 수가 없다. 햇볕도 잘 들지 않고 바람도 통하지 않으니 장이 제 맛이 날 리가 없다.
 장독대는 정결하고 한적한 곳에 위치한다. 햇볕이 잘 들고 통풍 역시 잘 되는 곳이라야 한다. 햇볕의 기운으로 사이사이 불어오는 바람을 이용해 익혀야 특유의 장맛을 내기 때문이다.

독을 둘 만한 공간이 없는 집에 살고 있으니 어쩔 수가 없다. 장독대라 이름 붙일 만한 곳은 아니지만 그래도 지금 먹고 있는 장을 담아둔 항아리를 두었으니 장독대는 장독대다. 항아리의 특성을 발휘해 볼 수 있는 곳에다가 두었으면 맛있는 장을 담글 수 있었을 텐데 말이다.

어릴 적 우리 집 부엌 뒷마당에는 커다란 장독대가 있었다. 주로 엄마의 공간이기는 했지만 딸들에게 살림 가르치는 장소이기도 했다. 독을 잘 닦아 언제나 반질반질해야 되는 것은 기본이었다. 된장이나 고추장을 떠내고 다독여 정리해 놓지 않으면 맛이 변한다. 어쩌다 귀찮다고 그냥 뚜껑을 덮어 두었다가는 쫓겨날 정도로 혼이 날 일이다. 집안의 음식 맛은 장맛에서 비롯되며 장맛이 좋아야 가정이 길하다고 했다. 장이 큰 재산이었다. 그러니 식품의 보관대이기 이전에 어머니의 자존심이었는지도 모른다.

후에 살림을 시작했을 때 시어머님께서 항아리를 서너 개 사주셨다. 키가 큰 독은 뒤에 세우고 된장과 간장을 담았다. 작은 항아리는 앞으로 놓고 고추장을 담아 놓으니 제법 그럴듯한 장독대가 만들어졌다. 어머님이 오실 때마다 장독을 정리해 놓고 검사를 기다렸다. 달콤한 장맛과 반질반질하게 닦아서 윤이 나는 항아리로 살림솜씨를 평가받고 싶었다.

세월이 지나면서 어머님의 장독 검사가 시들해졌다. 오셔도 눈길 한 번 주지 않으셨다. 장독이 있는지 없는지 어머님의 관심이 없어지자 장독이 귀찮아졌다. 장독에 곰팡이가 피고 벌레가 생길 때도 있었다. 귀찮아진 독들을 없애고, 종내에는 한 개만 남겨두었다.

아파트에는 장독을 둘 만한 좋은 조건을 갖춘 장소가 없다. 메주를 쑤고 띄워서 장을 담가 그것이 발효될 때까지 공을 들여야 하는 과정도 참지 못한다. 장맛을 제대로 내기 위해서는 뚜껑을 열었다 닫았다 반복하기도 하고, 또 간장은 달이기도 한다. 이렇듯 손길이 많이 가고 오랜 시간 발효해야 장이 되는데 바쁜 요즘 사람들이 좋아할 리가 없다. 김치냉장고가 김칫독을 대신하고, 동네 슈퍼마켓 상품 진열대가 장독대를 대신한다.

장독 뚜껑이 닫혀 있는 동안 지혜와 인내를 배우게 되는데, 그 기회를 잃어버리고 살고 있는 것이다. 모든 것은 된 것이 아니라 되어가는 과정 속에 있다.

좋은 식품을 얻으려면 외적인 조건도 중요하지만 정성스럽게 관리하면서 기다려야 한다. 그냥 얻는 것은 하나도 없다. 항상 관리해야 썩지 않는다. 소홀하면 어느새 곰팡이가 피고 탈이 난다. 장독 뚜껑이 닫혀 있는 동안 잘 발효되어 맛있는 장이 되었을 때 뚜껑이 열리듯이 우리도 자신을 안으로 완성해 가야 한다. 내적인 힘에 의하여 외적인 현상을 극복할 수 있다.

나의 삶에서는 단내가 날까. 안으로 숙성되어 나만이 가지고 있는 단내가 있을까. 하루하루 변해가는 나의 삶이 그래도 발효로써 좋은 쪽으로의 이동이 되기를 기대해 본다. 아니 그러기 위해 나 자신을 안으로 깊이 숙성시킬 필요가 있다.

  독을 옮기고 습한 곳에서 생긴 구더기도 콩잎으로 걷어낸다. 햇볕이 잘 들고 통풍도 이젠 괜찮다. 열었다 닫았다 정성스럽게 관리하면 다시 단내 나는 장이 될 것이다. 잘 발효된 장의 단내가 코끝에 감기듯 나의 삶도 향기롭고 맛깔스럽게 다듬어가야겠다.

3부

가을에는 쓴 커피를

소매물도 | 가을에는 쓴 커피를 | 겉과 속 | 두 가지 고장 | 마지막 축제
반달곰 지리산에 들다 | 보자기 | 아기염소 | 동창 모임에 다녀오면서

소매물도

　인간은 다른 동물과 달리 여행이라는 특권을 누릴 수 있다. 체험을 통하여 정서적인 행복감을 맛볼 수 있는 것이다. 산과 바다를 좋아하는 남편의 제안으로 소매물도로 여행을 가게 되었다. 정서적인 안정이 필요할 때 가 보리라 점찍어 둔 곳이다. 텔레비전 프로에서 안도현 시인이 통영을 소개한 적이 있었는데 우리도 시인의 눈을 따라 여행을 해 보기로 했다.
　여객선 터미널에 차를 세우고 근처에 있는 서호시장으로 갔다. 시장 입구에 텔레비전 화면에서 인상 깊게 보았던 시락국집이 있었다. 시락국은 그 지방에서 장어를 고아 무청을 넣고 끓인 국을 일컫는 말이다. 시인이 앉았던 의자에 앉아 보았다.

긴 나무의자에 앉은 사람들 앞에 시락국 뚝배기와 막걸리 사발이 놓여 있었다. 일상의 무게를 잠시 내려놓은 듯 행복해 보이는 얼굴들이다. 국밥 한 그릇 이상의 풍요가 느껴졌다.

어시장을 돌아보기로 했다. 빼놓을 수 없는 재미다. 더군다나 생기로 팔딱거리는 어시장을 구경할 수 있는 기회는 흔하지 않다. 사고팔고 시끌벅적하다. 마음 같아서는 살아 있는 해물들을 다 사고 싶다.

충무김밥을 사들고 여객선에 올랐다. 배 안에는 들떠 보이는 사람들이 청정해역과 사방으로 흩어져 있는 섬들의 아름다운 모습을 사진 속에 또는 머릿속에 오래 남기고자 이리저리 움직이고 있었다. 뱃머리에 부서지는 물보라가 빛에 반사되어 영롱한 무지개를 피웠다.

여행의 설렘으로 등산복을 입고 짙은 선글라스를 낀 중년의 남자들이 맥주 캔을 손에 들고 뱃머리를 차지하고 있었다. 온통 검은색으로 옷을 입은 데다 건장한 남자들만 모여 있으니 터미널에서부터 눈에 띄었다. 사방으로 잡아끄는 경치에 매료되어 신경쓰였던 그들의 존재는 금방 잊어버렸다. 배는 비진도와 매물도에 사람들을 내려놓고 소매물도에 도착했다.

선착장에는 노인 몇 분이 나와 민박을 하라고 여행객들을 이끌었다. 우리는 노부부를 따라 언덕배기를 올라갔다. 도착한 곳은 옹기종기 엎드려 있는 집들 중 하나였다. 집이 어찌나 작은지

조개껍데기를 엎어 놓은 것 같았다. 정해준 방에 배낭을 내려놓고 집안을 둘러보았다. 있을 건 있고, 없을 건 없는 간소한 집안이 마음에 들었다.

약간 껄렁해 보이던 그 중년의 남자들이 같은 집 아래채에 와 있었다. 그들은 소매물도 비경에 매료되어 일 년에 한두 번씩 20년 동안이나 이 노부부의 집을 찾는다며 이미 이집 큰아들과는 친구가 되었다고 했다. 사업을 한다는 그들은 보기와는 달리 넉넉한 마음과 여유를 가진 듯이 보였다. 그들만의 여행 방식이 좋게 느껴졌다. 할아버지가 낚시한 참돔과 도다리 회를 앞에 놓고 둘러앉았을 때는 모두가 한 가족이 된 기분이었다. 혼자 있어 편한 것도 있지만 여럿이 함께하니 여행의 즐거움이 배가 되었다.

노인의 배를 타고 등대섬으로 나섰다. 고르고 섬세한 무늬로 이어붙인 바위병풍에 파도가 부딪히며 뿜어대는 하얀 포말이 길게 드러누운 햇살에 비쳐 오색 무지개를 피웠다. 천태만상의 기암괴석이 연출하는 장엄한 광경은 과연 남해 제일의 비경이었다. 구석구석 설명을 덧붙여 구경을 시켜준 노인은 등대섬 기슭에 우리를 내려놓았다. 노인은 바다 한가운데로 배를 타고 나갔다. 우리는 자갈길을 따라 섬 마루에 올랐다. 눈이 시리도록 새파란 물빛과 아스라한 수평선, 들꽃이 흐드러지게 핀 초원, 우뚝 솟아 있는 하얀 등대, 마치 꿈속에서나 영화에서 본 듯한 풍경이었다. 감동이 밀려왔다. 잔디밭에 드러누웠다. 갈매기도 장단 맞춰 춤을 추었다. 마치 자연의 일부분이 된 듯했다.

아쉬움을 뒤로하고 등대를 내려와 배에 올랐다. 참돔 서너 마리가 우리보다 먼저 배 바닥에 태워져 있었다. 일몰을 보기 위해 서쪽 기슭으로 갔다. 넙적한 바위 위에 걸터앉아 수평선 너머에서 노을이 펼치는 향연의 절정을 감상하고 사진도 찍었다.

참돔 매운탕과 싱싱한 돌미역이 차려진 저녁 밥상을 마주하고 있았다. 태어나서 자라고 청년이 되어 신부를 맞고 중년이 되고 노인이 된 지금까지 이곳에서만 살아온 어부의 긴 인생 이야기를 들었다. 배낭 속에 있던 소주 한 병은 노인에게 위안을 주고 우리에게는 여행의 행복감을 안겨주는 데에 부족함이 없었다. 한밤중 총총한 별들은 우리에게 침묵으로도 한마음이 되게 해 주었다.

아침 이슬이 깨기 전에 천연 전망대인 망태봉에 올랐다. 청정한 공기와 더불어 태초의 모습 그대로인 듯했다. 언덕 전체가 하얀 찔레꽃 단장을 하고 있었다. 달콤한 향기에 몇 번씩이나 발길이 멈춰졌다. 콧노래가 절로 나왔다. 동백나무 숲을 지나 등대섬이 보이는 쪽으로 갔다. 갯바위에 자리잡은 낚시꾼들이 멀리 보였다. 전망 좋은 자리에는 장비를 차린 사진동호인들이 연신 셔터를 눌러대고 있다. 남편이 사진을 찍는 동안 햇살을 온몸으로 끌어안으며 초원에 누워 흐르는 구름을 바라보았다. 분

석할 수도 없는 생의 약동이 느껴졌다. 쉬폰 치마를 입고 하이힐을 신고 그림을 보고 음악을 들으며 카페에 앉아서 오래오래 차를 마시고 인생이야기를 하며 살고 싶다고 생각했던 나는 이미 없어졌다.

아침식사를 마치고 짐을 꾸리는데 주인집 부부가 외출이나 할 법한 행색을 하고 있었다.

"어디 가시게요?"

"육지 냄새 맡으러 가야지요."

손님을 보내고 집안 정리가 끝나는 대로 육지 냄새를 맡으러 통영으로 나간다는 노부부의 말이 귓가에 와서 무겁게 앉는다.

"이곳이 좋지 않아요?"

"매일 산다고 생각해 보세요. 답답해 죽겠어요."

이렇게 좋은 환경에서 인간의 본성대로 살면 원이 없을 것 같은데 아이러니가 아닐 수 없다. 시멘트 담 사이로 걸어 보고, 자동차를 타고 아스팔트길을 달려보고 와야 정서적인 생활을 할 수 있다는 말을 뒤로한 채 여객선에 올랐다. 여객선은 긴 꼬리를 해면 위로 끌며 질주하고 있었으나 주인집 부부의 말은 그 물보라를 놓치지 않고 따라오고 있었다.

시인이 소개했던 마지막 코스로 통영의 오미사꿀빵을 샀다. 달콤한 꿀빵을 한입 베어 물며 다짐했다. 정서적인 안정이 필요해지면 아름다운 소매물도에 다시 오리라고.

가을에는 쓴 커피를

역시 쓰다. 그 속에서 무언가를 찾으려고 미각을 곤두세워본다. 오만상을 찌푸리며 한 모금 더 삼켜 본다. 달콤하고 깨끗한 맛이 느껴지는 듯도 하다.

에스프레소를 마시기 위해서다. 에스프레소를 손가락으로 짚어 보이며 쓴맛이 어느 정도냐고 주문받는 사람에게 물었더니, 쓰기는 해도 사람들이 좋아한다고 했다. 사람들이 좋아한다니 주문해 보았다. 맛의 깊이를 느껴보고 싶어서다.

제대로 된 커피의 맛은 쓴맛에서 나온다. 커피의 특성상 반드시 있어야 하는 것이 쓴맛이다. 지나치게 쓴 것은 맛을 망치지만 적당한 쓴맛은 오히려 깊은 맛이 있다.

강한 맛을 이기지 못해 따뜻한 물을 타서 마신다. 목을 타고 흐르는 느낌이 부드럽다. 그나마 다행이다. 향과 설탕을 첨가하지 않았으니. 요즘은 원두커피를 즐겨 마시는 사람들이 많다. 원두커피는 향이나 설탕을 넣지 않아야 커피 본래의 맛을 느낄 수 있다.

본래의 맛이라는 것이 달콤하고 깨끗하다는데 미각이 둔한 탓인지 그 맛을 알아내기가 쉽지 않다. 깊은 맛을 느끼기도 전에 먼저 와 닿는 쓴맛이 싫다.

그래서 여러 가지 첨가제를 넣었다. 검은 액체 위에 달콤한 생크림과 계핏가루가 꽃처럼 퍼져 있는 상태를 좋아했다. 보기만 해도 편안하고 안심이 되어 행복하다. 그래서 비엔나라고 이름지어진 커피를 자주 마셨다.

컵을 들어 그것을 마실 때에도 쓴맛이 입에 돌지 않게 하는 조절법이 있다. 크림 먼저 빨아들이고 그 아래로 쓴 커피는 조금씩 살짝 딸려오게 해서 마신다. 커피만 남으면 크림은 리필이 된다.

밤이 깊어질수록 초롱초롱해지던 스무 살 무렵, 모두들 잠이 들어 사위가 조용할 때, 홀로 깨어 있는 것이 그렇게 좋았다. 온통 나만의 세상 같았다. 시간이 흐르는 것이 아까웠다. 밤을 새워 책을 읽겠다는 계획을 세웠다. 밤을 새우려면 커피가 필요했다. 냉커피를 주전자 가득 탔다. 그 옆에 책을 쌓았다.

맛도 모르면서 설탕 맛으로 커피를 마셨다. 홀짝홀짝 마시면 머릿속이 맑아지고 마음이 들떴다. 언뜻 언뜻 느껴지는 쓴맛은 설탕과 크림으로 눌러 놓았다. 커피도 인생도 달콤하기만 했다. 그 맛에 밤을 자주 새우곤 했다.

냉커피를 주전자째 마시며 달콤한 미래를 꿈꾸던 어느 날, 할머니가 아프다는 연락이 왔다. 할머니 머리맡에는 꿀에 잰 인삼이 놓아져 있었다. 그것을 입에 떠 넣어 드리니 쓴맛도 단맛도 없이 모든 것이 맹물 같다고 했다.

할머니는 인삼을 비롯하여 씀바귀, 머위 같은 쓴 나물이 맛있다며 자주 드셨다. 쓴 것이 맛있다고 생각한 것이 언제였을까. 이제 와서 왜 모든 것이 맹물 같을까. 그때는 할머니의 입맛을 알 수가 없었다.

언제부턴가 똑같은 방법으로 만들어 마시는 단 커피가 싫었다. 기분전환을 위해 에스프레소를 마셔보았다. 첫맛은 사약 같았다. 혀끝에 닿는 견디기 어려운 순간을 넘기니 깊은 맛이 감돌았다. 무미건조한 감정을 촉촉이 어루만져 주는 것은 설탕이 아니라 커피의 쓴맛이었다. 지옥만큼 어둡고 죽음만큼 강하고 사랑만큼 달콤한 것이 인생이라는데, 에스프레소가 그랬다.

쓸쓸한 이 가을, 진하디 진한 에스프레소를 마신다. 지옥만큼 어둡고 죽음만큼 강하게 느껴지면 오늘처럼 따뜻한 물 한 컵을 타면 된다. 가을잎사귀처럼 투명해진 커피의 색과 맛이 영혼의

심연까지 닿아 위로가 된다. 할머니처럼 맹물 같지 않은 것이 얼마나 다행인가.

  이제는 맛있다고 말할 수 있는 게 단맛만은 아니다. 쓴맛을 알게 된 것이 다행이다. 쓴맛을 모르면 그 달콤하고 오묘한 행복의 뒷맛을 알 수가 없다. 커피는 인생이다.

겉과 속

　화장품이라고는 없는 우리 집과는 달리 옆집 아주머니 방에는 화장대까지 있었다. 그 집 작은방에는 동네 아이들이 자주 모여 놀았다. 모두 노는 데에만 정신이 팔려 있는 사이 내 눈에 들어온 것이 있었다. 앙증맞은 병에 든 화장품이었다. 통을 열자 찔레꽃향기보다 더 진한 분 냄새가 코끝에 퍼졌다. 손가락으로 찍어 얼굴에 발랐다. 거울도 없이 그냥 쓱쓱 문질렀다.
　친구가 불러 골목으로 나섰다. 풀을 뜯어 돌에 찧어 반찬을 만들고 보드라운 흙을 긁어 쌀밥을 만들며 소꿉놀이를 했다. 옆집 아주머니가 내 얼굴을 빤히 쳐다보면서 지나갔다. 해가 저물어 아까운 쌀밥을 두고 보리밥이 익어가는 집으로 돌아왔을 때였다.

 아버지가 매를 들고 기다리고 있었다. 옆집 화장품을 왜 바르고 다니느냐는 것이었다. 부모님이 그것을 어떻게 알았을까. 어른들은 귀신인가 하는 생각이 들었다. 얼굴에 뽀얗게 발라놓은 것이 '도란*'이라는 사실을 그때 어찌 알았겠는가.

 화장化粧이라는 개념보다는 보드라운 크림을 얼굴에 발라보고 싶다는 행위 자체에 의미를 두었지 싶다. 화장이 그렇게 하고 싶었냐고 가족들이 놀렸지만 그리 대수롭게 느끼지 못했다. 여하튼 나는 여섯 살에 화장을 해본 셈이다.

 옆집 아주머니 화장품을 발랐다는 것을 들키고 싶지 않았는데 얼굴에 하얗게 분바른 표가 났기 때문에 어른들이 금방 알아차렸다. 속을 보일 수밖에 없었던 그때 내가 했던 화장처럼 얼굴은 거울이다. 어떤 것으로도 감추지 못하는 것이 마음이다.

 흔히 사람들의 게으름이나 부지런함을 얼굴에서 읽어내는 사람도 있다. 선하고 악함을 읽어내는 경우도 있다. '사람 참 선하게 보여.' '눈 꼬리가 처졌잖아.' 이렇게 개인적인 생각을 말하는 경우도 있지만, 보통은 얼굴을 통해 마음을 읽는다. 짙은 화장 뒤에 숨은 속을 읽는다는 것은 결코 겉과 속이 다르지 않기 때문

---

* 도란(Dohran) : 주로 배우들이 무대 화장용으로 쓰는 기름기 있는 분의 하나. 독일의 도란 회사 제품이 많이 쓰인 데서 유래한다.
　북한에서는 기름분이라고 한다.

이다. 속이 겉으로 나타나 곤란을 겪을 때도 있다.

정성스런 선물을 받았을 때, 맛있는 음식을 먹을 때, 아름다운 장면을 보았을 때, 좋은 사람을 만났을 때의 달뜬 마음은 숨기지 않아도 되지만, 과장되고 거짓이 섞인 말을 하게 되면 비굴하게 느껴져 목소리가 떨리고 얼굴이 붉어질 때가 문제다. 속을 숨길 수 없음이다.

호두나무 사이로 지나온 바람이 얼굴을 스치고, 새들의 노랫소리가 귓가에 맴돌 때면, 눈부시게 푸른 하늘은 티 없이 살라 하는 듯하다. 그러나 탐욕과 성냄은 훨훨 벗어 던지기가 쉽지 않다. 호기심을 유발했던 화장품처럼 세상에는 나를 유혹하는 것들이 많다. 늘 평온하게 살고자 하면서도 어느새 보다 많은 것에 관심을 쏟는다.

윤기 나는 음식, 푸른 잔디밭, 많은 꽃송이, 관심을 끄는 것이 한두 가지가 아니다. 글을 잘 쓰고 싶고, 무엇보다 책을 많이 읽고 싶은 의욕이 앞서 읽다가 접어 둔 책도 수없이 많다. 약속도 쉽게 잡아 놓고 후회한다. 좋은 일은 남이 알아주기를 바라고, 나쁜 일은 남이 모르기를 바란다. 소소한 일상에 얽매여 겉과 속이 다르게 굴러간다.

세수한 얼굴에 거뭇거뭇 기미가 보이고 잡티가 보인다. 티를 감추고자 화장을 한다. 여전히 기미에 잡티에 주름까지 보인다. 화장으로 숨기기는 어렵다. 벌레 먹은 자국이 있고 때로는 진딧

물이 끼어 있는 꽃도 멀리서 보면 아름답기만 하다. 꽃이기 때문이다. 겉에 티는 있어도 속이 맑으면 맑은 것이다.

 포장만 그럴싸하다는 말이 있다. 겉과 속이 다른 사람을 두고 하는 말이기도 하다. 겉과 속이 같은 사람이 되기도 어렵다. 포장보다는 내용이 좋은 선물 같은 사람, 화장이 필요 없는 사람이고 싶다. 더 중요한 내면을 위해 어떻게 더 수련해야 할까.

두 가지 고장

　35만 원. 수리비 치고는 큰돈이다. 고쳐야 할지 새로 사야 할지 고민하지 않을 수 없다. 작년에 냉매를 채우고 점검을 받았었다. 작년 비용과 올 수리비를 합쳐 신형 에어컨을 샀다면 이런 낭패는 없었을 텐데, 부품이 좋아 좀처럼 고장이 안 날 것이라던 수리기사의 말을 믿은 것이 잘못이다.
　찬바람을 쌩쌩 내뿜던 것이 더위 시작되고 며칠 만에 헛바람만 뿜어댄다. 혹시 하고 여러 차례 동작해 보는 사이 시간이 흘렀다. 더울 때라 애프터서비스도 밀려 한참 기다려서야 차례가 되었다. 이래저래 보낸 시간이 벌써 여름의 반이다. 가을만 되면 쓰지 않는 에어컨. 어차피 기계로는 더위를 피할 수도 없다.

한 해라도 늦춰 사면 그만큼 덕이다. 시간을 벌자. 디자인이 자주 바뀌고 끝없이 진화하는 전자제품은 사고 나면 바로 구형이다. 낡으면 못쓰게 되는 소모품에 불과하다. 에어컨은 겨울에 준비하라는 광고를 봐도 지금은 때가 아니다. 그렇게 마음먹으니 참을 만했다.

사실 에어컨보다 먼저 고장난 것은 남편의 마음이었다. 이유 없이 몸부림을 쳤다. 근래엔 좀처럼 고장나지 않았는데 웬일인지 올여름엔 일찍부터 더운 입김을 뿜어댔다. 결국 에어컨에 프레온가스를 채우듯 그의 속에 산山을 채워야 하는 것으로 진단을 내렸다.

참아낸 어제가 후회되는 오늘의 연속이다. 어제라도 에어컨을 샀어야 했는데 왜 망설이기만 했을까. 수리기사를 그냥 보내다니. 기회를 놓치고 사는 일이 한두 가지가 아니다. 지난번 산행을 막지 말 걸. 이렇게 여름이 끈질길 줄 알았더라면 대책을 세웠을 텐데.

기계와 사람이 같이 속을 썩이니 그렇잖아도 더운 여름에 내 속이라고 철판인가. 지들만 속이 있는 것은 아니다. 에어컨 속은 알 수 없지만 남편 속은 안다. 산을 못 가 탈이 난 남편을 산으로 가게 두자. 한 가지라도 잘 돌아가야 여름나기가 수월하다. 에어컨은 새로 구입하면 되지만 남편을 새로 살 수도 없지 않은가.

남편의 고장난 마음을 수리하는 데 지리산 종주가 단방약인 것처럼 누구든 마음 다스리는 방법 하나쯤 있지 않을까.

지리산을 다녀온 남편의 발걸음이 가볍다. 남편 수리비를 산에다 낼 수도 없고 산이 고맙다. 에어컨이 완전히 고장 난 것을 알면서도 커버를 열고 이것저것 눌러보고 실외기를 툭툭 차며 들랑거린다. 기계는 반응이 없다. 도리어 땀만 더 흘린다. 전 같으면 마음대로 안 되는 일에 열이 나서 씩씩거렸을 텐데 웃고 만다.

기계는 오래되면 고장이 잘 나는데 사람은 오래 살수록 지혜로워진다. 반응이 없는 기계보다는 건드는 재미가 있는지 자꾸 내 옆구리를 찌른다. 그래도 에어컨보다는 남편이 훨씬 낫다.

마지막 축제

 동네 뒤로 흐르는 강을 우리는 뒷강이라 불렀다. 방학이 되면 하루도 거르지 않고 그곳에 나가 놀았다. 자치기에서부터 고무줄놀이까지 끝없이 많은 놀이를 할 수 있었다. 방학이 끝날 무렵이면 마지막 축제를 벌이듯 온종일 그곳에서 놀았다. 뒷강은 지난날의 추억을 끌어안고 사는 우리에게 지금도 위안이 되는 보금자리와 같은 곳이다. 뒷강이 옛 사람들은 물론 오늘을 살아내는 사람들에게까지 깊이 자리하게 된 것은 또 다른 이유가 있다.
 이곳은 삶의 터전만으로 멈춘 것이 아니고, 마을 사람들의 혼을 끄집어내어 응어리를 풀어내는 오광대놀이를 전해준 곳이기도 했다.

오광대놀이는 뒷강의 상류에서 궤짝 하나가 떠내려옴으로써 시작되었다고 한다. 떠내려온 궤짝 속에는 탈과 극본이 들어 있었다. 그 탈을 쓰고 극본대로 다섯 마당의 놀이를 한 것이 우리 마을에 전수된 오광대의 시작이다.

섣달그믐, 자정부터 동제를 모신 후 지신밟기를 시작으로 행사가 계속 되다가 대보름날에는 절정으로 치닫는다. 동제를 무사히 끝냈다는 안도감으로 한 판 벌이는 축제가 오광대다. 동네에 농악소리가 울려 피지면 이른 아이 할 것 없이 매구꾼들의 뒤를 따르며 마지막 축제에 동참하게 된다. 어른들이 하는 탈놀이는 재미있기도 하고 으스스하기도 했다.

오광대는 다섯 마당으로 되어 있다. 첫 마당은 오방신장무다. 오방을 지키는 장수들이 차례로 등장하여 '놀기 좋은 영남에서 놀아보세.' 하고 춤을 추며 신나게 놀다가 영노에게 잡아먹힌다. 둘째 마당은 문둥이 과장이다. 입이 삐뚤어지고 눈이 찌그러지고 꼽추 절름발이 곰배팔이 다섯 명이 덧보기춤을 추며 등장하여 놀음판을 벌인다. 놀음에 빠져 아이까지 업은 어덩이를 쫓아낸 결과 포승줄에 묶여 잡혀간다. 셋째 마당은 양반과장이다. 큰 양반과 작은 양반이 말뚝이한테 희롱당하는 이야기다. 넷째 마당은 스님이 서울애기에게 반하여 업고 달아났다가 말뚝이에게 잡혀와 볼기를 얻어맞고 파계승이 된다. 다섯째 마당은 영감 할미 과장이다. 영감은 작은 마누라를 인정할 수 없다는 할미와 재산을 나누는 과정에서 조상단지를 깨고 동티가 나서 죽는다.

  무위도식하고, 겉치레에 얽매인 계층을 양반으로 빗대어서 힐난하게 풍자하고 있다. 관리가 되어 자칫 잘못하면 말뚝이에게 놀림당하고, 영노에게 잡아먹힌다. 죽음의 나락으로 추락할 수도 있다.

  동네에서는 동제와 탈놀이를 잘 치르기 위해 해마다 제관을 뽑았다. 제사 준비가 워낙 까다롭고 신성시되었기 때문에 제관은 이 기간 동안 숨도 제대로 못 쉰다. 부정을 탄다는 이유로 궂은일은 하거나 보지도 말아야 하고, 나쁜 소식은 들어서도 안 된다. 엄동설한에 새벽마다 찬물로 목욕재계도 한다. 마을 어귀의 석장승과 우물, 제당에 새끼줄이 쳐지면 제사가 끝날 때까지 긴장감이 팽팽하다. 부정을 타면 그 해에 사람이 죽거나 큰 화를 입는다고 믿기 때문이다.

  그때, 어린 눈에 비친 마을 어른들의 모습은 서로 돕고 협조하며, 양보하고 예의를 지키고 화목하게 지내는 모습이었다. 그것이 우리네 사람들의 근본이고 살아가는 모습이었다. 어린 날 강가에서 익힌 삶의 슬기는 바로 그런 것이었다.

  작은 마을이나 나라나 돌아가는 이치는 매한가지가 아닐까. 요즈음은 서로 제관이 되겠다고 욕심을 부리고 상대를 헐뜯는다. 음해까지 서슴지 않는다. 구경꾼도 없는데 자기들만의 진흙탕 싸움이다. 해야 할 일이 많고 지켜야 될 것이 많아 제관 되는 것을 조심스러워했던 예전의 동네 어른들과는 차이가 있다.

그들은 자신만이 낙원을 만들 수 있다는 듯 떠들어댄다. 헛말이라는 것이 매일 드러난다. 어느 누구도 우리를 대표할 제관으로서 책임을 다할 것 같지 않다. 제관이 되면 가족은 뒷전으로 미루고, 오로지 마을 전체를 위해 조신하게 몸가짐을 했던 마을 어른들. 차라리 그분들이 그립다. 남의 눈을 두려워하고 지켜야 할 덕목을 몸에 익히며 살아온 모습은 없는데, 자신이 제관이 되어야 한다고 소리 높이는 모습이 이 계절에 우리를 슬프게 한다. 나쁜 일에도 휘말리지 않았고 앞으로도 궂은일이 생기지 않을 만한 사람이 제관이 되어야 할 터인데.

다가오는 정월 대보름에는 뒷강으로 가 오광대를 다시 보고 싶다. 주민들의 안녕을 위해 정성을 다해 동제를 지내는 제관의 모습도 보고 싶다. 탈놀이를 끝내고 모두 어울려 한 판 덩실덩실 춤을 출 것이다. 그것은 맡은 일을 무사히 끝내고 벌이는 진정한 마지막 축제이다.

반달곰 지리산에 들다

마누라도 자식도 그의 산에 대한 그리움을 막지 못한다. MTB도 대금도 그에게 산에 대한 매력을 잊게 하지 못한다. 그가 만든 아이스크림처럼 부드럽고 풍부한 맛이 나는 맥주도 임걸령샘으로 향하는 그의 갈증을 풀어주지 못한다.

그는 섬진강으로 놀러가는 아이를 데려다 준다는 핑계로 지리산으로 갔다. 오늘 밤 마치 엄마의 품에 안긴 듯 푸근할 것이다. 발바닥이 부르트고 목덜미가 화끈거려도 그럴 것이다. 비박을 할지라도 마음만은 그럴 것이다. 어쩌면 다시는 산의 안부가 궁금하지 않을 만큼 고생하고 있을지도 모르겠다. 누가 시킨 일이었다면 아마 황금 송아지를 주어도 절대로 하지 않을 사람이다.

산의 매력을 조금씩 알아갈 즈음 그는 목표를 세웠다고 한다. 나이 육십이 될 때까지 지리산 육십 번, 설악산 육십 번 오르는 것이었다. 그러면 산하고 결혼을 했어야지. 내가 속은 것 딱 하나가 그것이다. 육십 번을 채웠는지 채울지는 모르지만 그는 산 박사다. 적어도 내가 보기에는 그렇다. 어느 때, 어느 산을 가도 그의 손바닥 안이다. 웬만해서는 코스가 중복되지 않는다. 목 축일 샘터, 도시락 까먹을 자리, 그늘이 좋은 나무, 조망하기 좋은 바위 모르는 곳이 없다. 장비 사느라 들인 돈이 얼만데. 안 그러면 산에서 보낸 청춘이 아깝지.

그 중에서도 지리산은 더욱 훤하다. 그의 별명은 반달곰이다. 이 골짝 저 골짝 얼마나 누비고 다녔던지 지리산 반달곰이 되었다. 지리산 반달가슴곰과 다른 것이 하나 있다면 눈이 쌓인 겨울 동안 겨울잠에 빠져 있는 곰과는 반대로 그는 더욱 산을 누빈다. 진짜 반달곰이 자는 동안 마치 대신 지리산을 지켜야 할 임무를 띤 듯이.

작년에는 종주하지 못했으니 두 해 만이다. 아마 그는 물 만난 고기처럼 아니 잘 적응한 북한산 곰처럼 아니 토끼처럼 빠르게 지리산을 누비고 있을 것이다. 마누라 때문에 거북이처럼 걸어야 했던 두 해 전을 후회하고 있지는 않는지. 도착시간이 늦어져서 산장 관리인의 잔소리를 듣지도 않을 것이다. 군데군데 조망하기 좋은 데를 골라 천왕봉과 노고단, 반야봉을 바라보며 씨-

익 웃을 것이다. 그러고도 시간이 충분할 것이다. 그는 시간 관리에 또한 도사다.

예상 출발시간과 도착시간이 어긋난 적이 별로 없다. 플러스 마이너스 오 분 이내다. 그것이 어긋나는 일은 그가 한평생 먹어야 할 아침밥을 굶은 횟수보다 한 번 정도 많을 것이다. 그것도 외부적인 장애가 발생해야 겨우 가능한 일이다.

임걸령샘에서 육포를 먹었을 것이며, 연하천에서는 오이를 먹었을 것이다. 또 초보 산꾼이나 힘들어하는 사람이 있었다면 일장 연설도 했을 것이고, 어린이를 만났다면 기특하다고 눈을 맞추고 용기를 북돋우는 말을 건넸을 것이다. 풀 한 포기 나무 한 그루에게도 다 사랑스런 눈길을 보냈을 것이며 마누라랑 같이 못 보는 것에 대하여 안타까워했을 것이다. 그래서 사진도 찍었을 것이다. 처음 본 꽃이 있었다면 한참을 들여다봤을 것이다. 그러고도 벽소령에서 정확하게 라면을 끓였을 게 뻔하다.

그대여. 벽소령 산장을 지나거든 엽서를 써라. 투구꽃이 아름답다고, 둥근 이질 혼자 보기 미안하다고, 사랑하는 당신 다음에는 꼭 같이 오자고, 떠가는 구름에 그대의 마음을 실어 보내라. 라면 먹은 흔적을 너무 깨끗이 치우다 보면 빨간 우체통을 놓칠지도 모르니 뒤를 다시 돌아보길.

그는 사람들이 예의와 배려가 없다고 질서와 정리가 안 된다고 산장을 빠져나와 맨땅 위에 몸을 누이고 하늘의 별을 세었을 것이다. 외로움과 쓸쓸함, 그리고 무서움을 조금 느끼기는 했겠지만 그래도 속 편하다고 자위했을 것이다. 항상 좋은 상태만을 바란다면 욕심이지. 인생의 참맛을 알려면 그 속에서 부대꼈어야지.

별을 셀 때만 해도 다리에 힘이 남아 있었겠지만 세석을 향하다 보면 아마 집이 슬슬 그리워지겠지. 이미 때는 늦었다는 걸 당신이 더욱 잘 알 것이고, 진퇴양난 임전무퇴 앞으로 나아가야만 살아남는다는 절박한 심정으로 발걸음을 옮겨 기겠지. 섬진강에서 레프팅을 하고 화엄사 계곡에 앉아 있을 아이를 부러워해도 소용없는 일. 고상하게 차를 마시며 시라도 읽고 있을 마누라 생각에 배가 좀 아플지도 모르겠다.

에어컨 고장으로 죽을 맛인 줄은 모르고. 야속하게도 날씨도 당신을 몰라볼지도 몰라. 매번 시원한 바람이 불어주고 비는 피해가고 적당한 구름이 당신 머리 위의 햇볕을 가려 준다면 내가 배가 아프지. 교만한 당신은 필요 없거든. 나무 그늘이 없는 지리산 유일한 공간에서 당신 안을 들여다볼 좋은 시간이지 않겠어.

그래도 여우 한 마리, 토끼 두 마리와의 싸움은 누워서 떡 먹기였다는 사실을 깨닫는 구간. 산만이 구세주라든지, 산으로 가야만 숨통이 트일 것이라 생각했다든지, 시원한 나무 밑에 누워 발가락 까닥하고 있으면 세상 부러울 게 없을 것이라 생각했다면 당신도 망각의 동물에 불과한 거지. 표현할 수 없는 엄청난 진통을 경험한 여자가 둘째아이를 임신한 경우라고나 할까. 다시는 내가 산에 오나 봐라. 또 오면 인간이 아니다. 그건 너무 자주 써 먹는 레퍼토리. 제발 그만. 부디 자신과의 싸움에서 살아남기를 바랄게.

세석평전의 철쭉군락이 훼손됐더라도 혈압은 올리지 마세요. 당신은 자신만 잘 지키면 되지, 그것까지 신경쓰다 보면 체력 소모가 너무 심할 테니까. 어차피 지리산이 당신 것도 아니잖아.

준비 운동으로 갑천이라도 며칠 걷고 올 걸 하고 후회가 물밀 듯이 밀려오는 순간 당신은 장터목에 닿아 있을 거야. 아웅다웅 힘들게 살았던 세속에서의 일들이 주마등처럼 머릿속을 스치며 다 부질없는 욕심에 불과하다는 생각을 하겠지. 하늘과 맞닿은 곳에 올랐다고 갑자기 어린왕자라도 된 듯이 왕도, 허영장이도, 술주정뱅이도, 사업가도 어리석다 생각할 필요는 없어. 당신도 그곳에서 왔으며 다시 그곳으로 돌아갈 것이니까. 덜 어리석은 점등인만이 당신 친구가 될 수 있는 것은 아니지. 인간은 사회적 동물이니까.

그렇다고 산장에서 당신에게 술을 나누어 주는 사람만 진정한 산쟁이라든지 선한 사람이라 여기는 것도 마찬가지. 당신이 흘리는 침을 눈치 빠른 그 사람이 보고 불쌍해서 한 잔 권했을 뿐이야. 침을 흘리고 눈독을 들이고 한 잔만 주시면 고맙겠다고 정중한 청을 했어도 보기 좋게 거절당한 적도 있지 않던가. 이제는 당신이 말하는 진정한 산쟁이만 산을 오른다는 생각은 시대착오.

  천왕봉 표석을 부여안고 세상을 정복한 사람처럼 감격해 하겠지. 걸어온 길을 가만히 되짚어 보면 결코 쉬운 일이 아니었을 테니까, 그 기쁨은 크겠지. 평탄한 길을 걸을 때는 누워서 떡먹기라는 생각이 들 것이고, 암벽을 오를 때면 죽을 맛이라 얼른 끝나기를 기다리겠지. 어려움의 때는 결코 영원히 지속되지 않는 것이고 순풍의 인생만 있을 수도 없는 법이니까.

  결혼만 안 했다면 저 산장 관리인이 되어 있을지도 모른다는 생각을 하면서 로터리 산장 앞을 터벅터벅 걷는다면 지금의 관리인과 내게 너무나 미안한 일이지. 당신 자신에게도 그렇지, 덕을 쌓아야 당신의 후손들이 길이길이 천왕봉 장엄한 일출을 볼 수 있을 텐데. 천왕봉에서 뛰는 가슴을 억누르고 반성의 시간을 가졌을 텐데 그렇게 빨리 망각을 하다니. 거실 바닥에서 리모컨이 당신을 기다리고 있다는 사실을 떠올려 본다면 현재의 생활이 얼마나 행복한지를 가늠할 수 있지 않겠어.

  그는 해가 떨어지기 전에 집에 도착하기 위해 내일 점심때면 중산리 구멍가게에 앉아 있을 것이다. 얼음물이 줄줄 흐르는 맥주 캔을 손에 든 채.

보자기

약속이 있어 내심 바쁜 아침이다.
"오늘은 집에 있을 거지?"
며칠째 바깥일로 피곤해 하는 나를 보며 남편이 하는 말이다. 집에서 좀 쉬기도 하라는 뜻이다. 약속이 있다 대답하는 목소리가 기어들어간다. 소홀한 밥상 앞에서 떳떳하지 못하다. 아이들은,
"엄마 오늘 뭐해요?"
엄마가 부럽다는 뜻이다. 딱딱한 의자에 하루 종일 앉아 공부에 매달려야 되는 저네들의 신세한탄이다.
주인의 부인 또는 가장의 아내라는 것이 주부라는데 정확한

뜻이 무엇일까. 살림을 도맡아 하는 일 외에 직업이 없는 아내들을 주부라고 한다. 직업란에 주부라고 썼으니 나는 집안 살림하는 사람이다. 살림을 돌보아야 하는 주부지만 밖에서 보내는 시간이 많다. 취미활동이나 모임 같은 것을 주부의 당연한 일과로 받아들이는 가족들은 살림에 좀 소홀해도 누구 하나 뭐라고 하지는 않는다.

  낮에 집에서 전화를 받는 사람은 돈이 없거나, 성격이 나쁘거나, 환자이거나 라는 말이 있다. 거기에 속하지 않으려고 부러 밖으로 도는 것은 아니다. 취미활동의 기회도 많고 운동도 스포츠센터에 모여서 하는 세상이다 보니 그만큼 집에 있을 시간이 없다. 아이들이 중고등학생이 되자 기다리기라도 한 듯이 밖으로 나왔다.

  밖으로 자주 나다니다 보면 살림은 자연 뒷전이다. 하루만 살림에 손을 놓아도 집안엔 회색빛이 돈다. 풀 죽은 아이같이 생기가 없다. 아이들 키울 때는 바쁘고 힘들어 언제 벗어나나 했는데 세월 참 빠르다. 각자 밖에서 더 바쁘게 되면서 싱크대 물이 말라 있다. 반찬 재료도 덜 사고 쌀 한 포대가 좀처럼 줄어들지 않는다.

  오랜만에 하루를 집에서 보냈다. 살림살이가 반짝반짝 살아난다. 장롱 속까지 정리하다가 보자기들을 꺼내 본다. 바느질 배울 때 만들어 둔 것들이다. 양단이나 공단, 명주로 만든 것도 있고 모시 조각보도 있다. 한쪽에는 쓰다 남은 천을 아무렇게나 모아 둔 봉지가 있다. 그 천 조각들을 보니 어머니의 보퉁이가 생각난다.

어머니는 한복집에서 자투리 천을 얻고 헌 치마를 뜯어 자투리 시간에 필요한 보자기들을 만들었다. 어머니의 보자기는 물건을 싸서 보관하고 운반하는 도구로 쓰였다. 천 조각들을 보퉁이에 싸놓고 틈틈이 생활에 필요한 도구를 만들어 쓴 셈이다. 바느질에 관심이 많았던 나는 그 천 조각을 꺼내 썼다가 혼이 나곤했다. 아이들이 커서 여유가 생기자 제일 먼저 배운 것이 바느질이다. 여러 개의 보자기를 만들어 장식으로 쓰거나 가리개로 쓰고 있다.

어머니가 만든 보자기는 다양하게 쓰였다. 이불보가 되었다 횃대보가 되었다 짐 옮기는 싸개가 되기도 했다. 보자기가 없었다면 밥상에 파리가 올라앉았을 터이고 이불 보관도 어려웠을 터이고 이사하는 데도 곤란을 겪었을 것이다. 둥글게 네모나게 길게 짧게 딱딱하게 부드럽게 싸는 물건에 따라 형태가 변하는 유연성을 지닌 보자기. 어머니가 만든 보자기는 꼭 필요한 물건이면서도 귀하게 대접받지는 못했다.

내가 만든 보자기는 밥상 위도 벽장 속도 아닌 벽에 붙어 있다. 본래대로 물건을 싸거나 덮는 데 쓰기보다는 장식품이나 공예품으로 인정받는다. 새 천을 잘라 통째로 시간을 바쳐 만든 까닭만은 아니다. 시대가 달라졌기 때문이다. 개켜진 채로 상자 속에 있을 뻔한 보자기가 좋은 세상을 만나 빛을 본다. 보자기를 대신할 수 있는 가방, 박스 같은 것들이 많아도 꼭 보자기여야 되는 때가 있다.

오랜만에 바느질집에 들렸다. 멋진 명주보자기가 진열장에 걸려 있다. 싸개로 덮개로 가리개로 깔개로 보자기 본래의 소용에 닿지 않아도 빛난다. 어디에 있든 보자기라는 이름은 그대로다. 다양한 시대에 있을 뿐 언제든지 본래의 용도대로 돌아갈 준비가 되어 있다. 보자기의 쓰임이 많아졌을 뿐, 모양이 변했거나 만드는 법이 달라지진 않았다.

장롱 속에 넣어두긴 아까운 천이라 다시 무언가를 만들어볼 요량으로 들고 나왔다. 이번에는 돈 보를 만들어볼 참이다. 보자기가 공예예술이라는 이름을 달고 전시장에 걸려 있는 걸 보면 보자기는 보자기여야만 되는 시대는 지난 게 아닐까. 주부라고 집안 일만 하지는 않는 것처럼.

아기염소

 아기염소를 만났다. 우리가 아닌 방에서 짐승을 만날 수도 있었다. 내가 방에 들어섰을 때 까만 눈동자를 반짝이며 다리를 한 번 굴렸을 뿐 별다른 반응은 없었다. 염소와 한 방에서 생활해야 하다니. 난감했다. 녀석은 벌써 방에서의 생활이 익숙한지 천연덕스럽게 낯가림도 하지 않았다.
 핏덩이로 남겨진 새끼를 방에 데려다 겨우 살려 놓았다고 했다. 딱한 사정을 듣고 보니 아기염소의 눈망울이 슬퍼보였다. 사랑으로 돌본다고 해도 제 어미만이야 하겠는가. 엄마가 없다는 것같이 슬픈 일이 있을까. 가족이 한 집에서 무탈하게 사는 것이 얼마나 감사한 일인가 싶다. 우유병을 받아 들고 아기염소에게

다가갔다.
 아기염소는 우유를 잘 먹었다. 풀을 먹는다고만 알았던 염소가 아기처럼 우유를 먹었다. 밥을 먹는 사람이 아기였을 때 우유를 먹는 것과 같았다. 염소는 익숙한데 방에서 우유 먹는 염소는 낯설었다. 아기염소 한 마리로는 시골 정취를 풀어놓을 수는 없었고, 다만 초원에서 염소와 함께 뛰놀았던 추억을 떠오르게는 했다.
 사물을 인식하기 시작할 때부터 집을 떠나올 때까지 언제나 우리에 염소가 있었다. 염소는 가족이었다. 자고 일어나면 식구가 늘어나 있었고, 학교에 다녀오면 들판에서 풀을 뜯고 있었다. 어미의 품에서 뛰노는 아기염소는 동생처럼 순했다. 고향이 언제나 목가적인 정서가 풍기는 곳인 것은 그 장면 때문이기도 하다.
 아기염소는 순해서 누구에게도 해코지하는 일이 없었다. 그래서 놓아 길렀다. 매어 놓지 않아도 어미 곁을 떠나지 않았다. 늘 어미 곁에서 뛰고 까불었다. 낮에는 들판에서, 밤에는 우리에서 빛과 그림자처럼 붙어 다녔다. 중 염소가 되어 다른 곳으로 보낼 때에나 목에 줄을 맸다.
 방에서 만난 아기염소는 어쩔 수 없이 목에 줄을 매었다. 급한 대로 방울 달린 줄을 매어 탁자다리에 묶었다. 따라다니며 똥오줌을 치우기가 그리 수월한 것이 아니었다. 우유를 먹으니 자연히 오줌을 자주 쌌다. 물기 많은 풀을 먹는 것 못지않게 오줌을 자주 쌌다. 방에 가두고 줄에 매고 혼자 남겨진 외로운 염소의 행동을 제한하니 안됐지만 어쩔 수가 없다. 줄만큼의 자유로는 답답한지 처음엔 기가 죽은 듯했다.

이내 주어진 만큼에서 활동을 펼쳤다. 탁자 위로 오르락내리락했다. 한 번에 뛰어오르고 한 번에 뛰어내렸다. 자신감이 넘쳤다. 천애고아가 살아남기 위한 애교이고 재주였다. 녀석의 애교에 말을 걸었다. "넌 뭘 믿고 그렇게 까부니?" 방울을 딸랑거리며 까부는 모습이 꼭 강아지다. 강아지를 가족같이 돌보고 사랑하는 사람들의 심정을 조금은 알 것 같았다.

아이 둘을 키운 이후 어린 생명을 돌보는 일은 처음이었다. 시간 맞추어 우유 먹이고 몸을 깨끗이 닦아 주었다. 나들이 때도 데리고 나갔다. 아주 귀엽거나 해서는 아니었다. 혼자 집에 두었다가는 무슨 일이 일어날까 걱정되어서였다. 아기염소가 어미의 정을 느꼈는지 잘 따르고 무럭무럭 자랐다. 너의 엄마가 되어 줄 테니 건강하게만 자라라.

엄마를 대신할 수 있는 것은 이 세상에 아무것도 없다. 그렇지만 우린 어미와 새끼가 된 듯했다. 아기염소의 다정한 눈길이 많은 느낌을 주었다. 염소네 가족처럼 아픔을 겪지 않은 것에 감사하게 되고, 살기 위한 적응력에 감탄하게 되었다. 부담으로 다가왔던 아기염소가 어느새 선물이 되었다. 염소 도둑 덕분이다. 염소 우리에 도둑이 들어 아기염소만 남기고 모두 싣고 달아나버렸다.

　아기염소에겐 아픈 성장의 겨울이다. 따듯한 봄이 되어 들판에 서는 날 아기염소는 알게 될 것이다. 어차피 인생은 혼자라는 것을, 험난하고 각박한 세상이지만 그래도 살 만하다는 것을. 따뜻한 방에서 우유와 사과 조각을 먹으며 드라마를 보았던 것이 선물이었다는 것을. 선물이 살아가는 데 힘이 되기를 바란다.

동창 모임에 다녀오면서

 밤새 뒤척였다. 오랜만에 만나게 될 친구들 생각에 마음이 들 뜼기 때문이다. 배낭을 챙기고 차에 기름을 가득 넣었다. 산행을 위해 비상음료와 식량도 잊지 않았다. 천둥번개를 동반한 비가 온다는 기상예보는 불안하기만 했다. 우르르 쾅쾅 새벽을 뒤흔드는 소리에 잠이 깼다. 밖을 내다보니 낙엽으로 카펫을 깔아놓았다.
 갈까 말까 잠시 흔들리는 마음을 잠재우기라도 하려는 듯 날씨는 잦아들었다. 들뜨기 시작했다. 들뜬 마음은 수시로 과속을 하고 있었다. 단숨에 추풍령을 지나 김천을 향했다. 고개를 넘자 어두운 장막이 드리워지면서 앞을 분간할 수 없게 비가 내렸다.

불안한 마음을 자동와이퍼가 숨 쉴 틈도 없이 닦아냈다. 라이트를 켜고 앞을 응시하는 눈에 힘을 주었다. 이대로라면 돌아올 길도 걱정이었다. 그러나 그건 그때 가서 해결하고 목적지에 무사히 도착만 하면 된다는 생각뿐이었다.

구미 시내에 들어서자 장막은 걷히기 시작했다. 빗속에 가려졌던 시야가 서서히 트이며 구미 시가지가 드러났다. 거짓말같이 평온을 되찾아가는 날씨. 축복이다. 인터넷에서 뽑아온 지도도 필요 없이 금오산은 내게 다가왔다.

먼저 와 있는 친구들을 만났다. 오랫동안 만나지 못한 친구들이라 잊은 줄 알았는데 그 모습이 낯설지 않다. 커피처럼 마음이 따뜻하다. 먼저 만난 친구들끼리 인사를 하며 안부도 묻는다. 그러면서 잊고 살았던 세월을 되찾고 있다. 먼 곳에서 오는 친구들이 아직 도착하지 않았다. 전화해도 받지 않는다. 음주가무가 시작된 것이 분명하다.

어느 정도는 다리에 힘이 빠진 친구들이 도착했다. 약간 중후해진 모습을 빼고는 건너온 시간이 무색하다. 한눈에 알아보고 이름을 불러본다. 새로운 힘이 솟는지 손을 꼭 잡는다. 온몸에 열기가 퍼져 따뜻하다. 그 열기로 동창생들은 금오산을 접수해 갔다.

만산홍엽의 가을 산으로 빠져들었다. 계곡의 물소리와 친구들의 달콤한 수다로 발걸음이 가볍다. 절기가 안겨주는 의미가 크다. 소슬바람이 불어와 열매의 속살을 알알이 여물게 하듯 친구들의 따뜻함은 무르익는다. 포도의 낙엽처럼 이리저리 쓸려 다닐 때가 있었거나, 어두운 장막을 헤쳐나온 친구가 있었다면 오늘로써 끝이기를 기원해본다. 이제는 삶의 의미를 함축하고 있는 자연 속에서 우리 모두 풍요롭기를 바란다. 자연이 만들어내는 절정의 아름다움처럼 친구들의 인생이 절정의 시기로 가고 있을 때다. 절정의 시기에도 절망의 시기에도 '동창생' 그 이름은 영원한 묵시록이다.

다시 익히기 시작한 우정은 갈 길이 먼 친구들을 놓아주지 않았다. 좁은 노래방에서 더욱 목청을 높여 더 가까이 정을 쌓았다. 어제 만났던 친구처럼 스스럼이 없었다. 손에 손을 잡고 어깨를 걸고 흥에 겨워 빙글빙글 돌았다. 순수했던 어린 시절의 추억 속으로 데려다 주었다. 사심 없는 소통의 시간이다. 우리는 너무 멀리 와 있거나, 너무 멀리 가 있지 않았다.

일상의 시간으로 돌아가야 됨이 아쉬웠다. 친구들의 따뜻한 배려를 가슴에 안고 차에 올랐다. 오늘도 내 생애 봄날로 기록되는 날이다. 또다시 나는 그들을 만나야 된다. 못 다 부른 노래가 있기 때문이다.

돌아오는 차 안에서 깊은 상념에 젖는다. 사람이 만나면 언제나 저렇게 좋을 수 있을까. 그게 아닌데 우리는 왜 오늘 기분이 그리 좋았고, 친근하게 서로를 받아들일 수 있었을까. 평소에 연락을 하고 지내지도 않았고, 졸업 후에 처음 보는 친구도 많은데, 늘 함께 한 사람처럼 격의 없이 즐길 수 있었던 근원은 무엇일까. '동창생.' 이 한마디가 그렇게 큰 힘을 발휘하는 것일까. 하기야 국적은 바꿀 수 있어도 모교는 바꿀 수 없다 하지 않던가.

오랜만의 만남에서 우리는 하나임을 확인하고 돌아오는 길이다. 지난날 속내를 드러내며 함께한 시간이 있었고, 눈부시지만 슬픈 추억을 공유하고 있기 때문일 게다. 그때는 제 욕심 부리지 않고 그냥 친구이면 다 통했던 타산적이지 않은 관계였다. 우리의 삶에서도 이 같은 연을 꾸려간다면 좋을 것이다. 현대의 부자는 재물 보화가 많은 사람이 아니라, 명함이 없는 모임을 많이 가지고 있는 사람이다. 미래는 어떤 사람과 같이하느냐에 따라 확연히 다른 가치를 내포하게 되리라 믿는다.

4부

괜찮습니다

미래의 내 모습 | 괜찮습니다 | 십리사탕 | 리듬을 타다
누구 탓인가 | 돌아보는 이유 | 외식 | 페르소나 | 튀어야 산다

미래의 내 모습

유럽 첫 여행지는 비엔나였다. 이곳에 사는 친구를 따라 시내로 나섰다. 중심가로 나가는 길목에 친구 남편이 근무하는 유엔센터가 있다. 잠시 내려 그곳에 들렸는데 마침 국제회의를 앞두고 있어 사람들이 많다. 식당에도 자리가 없다. 밥을 들고 밖으로 나가니 강물이 바라보이는 곳이다. 첫날부터 아름답고 푸른 도나우 강을 바라보며 식사를 하게 되었다.

지나는 사람들의 발걸음이 경쾌하다. 마치 왈츠가 흐르는 속을 걷는 듯하다. 친구 남편이 우리말로 안내하는 쪽을 바라보니 젊은 사람들이다. 괜히 기분이 좋다. 우리나라에서 파견근무 나온 사람뿐만 아니라 이번 회의에 참석차 온 사람들을 정성을 다

해 돕는 모습이다. 파견근무 왔다가 유엔에 계속 근무하게 된 친구 남편. 그는 무슨 일에나 최선을 다한다. 그것이 돋보였을 것이다. 도나우 강이 내려다보이는 그의 책상에도 앉아보고, 국제회의장에 들어가 사진도 찍고 다시 길을 나선다.

비엔나 관광의 시작점이라는 슈테판성당이 오늘의 목적지다. 비엔나에는 구시가와 외곽지역으로 나누는 링이 있다. 사대문 안쪽을 서울이라 했던 것처럼 링 안쪽만을 비엔나라고도 한다. 링 모양의 성벽을 헐어내고 도로를 만들었으니 그 길을 따라 돌면 웬만한 관광지가 눈에 다 들어온다. 주차할 곳을 찾아 돌다보니 시가지가 조금씩 눈에 익기 시작한다. 건물들이 높지 않다. 모차르트의 결혼식도 하고 장례식도 했다는 슈테판성당보다 높게 건물을 지을 수 없는 법이 있다니 그럴 만하다. 올려다볼 것이 없어 고개가 편하다.

시내에는 옛 건물이 많다. 그 중에 슈테판성당이 유난히 돋보인다. 오스트리아에서 가장 훌륭한 고딕양식으로 지어진 지 오래 된 건물이다. 그 존재만으로 이곳 사람들의 자랑이 되고 있다. 조각으로 표현한 성경 내용을 보다 앞을 바라보니 철창 안쪽에서 사람들이 미사를 드리고 있다. 수없이 드나드는 관광객들하고는 상관없이 기도하는 모습이 평화롭다.

성당을 나와 맞은편 찻집으로 올라간다. 창가에 앉아 광장을 내려다본다. 오가는 사람들이 많다. 그 흐름 속으로 시선을 둔다. 천천히 흐르는 물 같다. 빛에 반사되어 반짝거리지 않는다면 흐름을 느낄 수 없을 정도의 흐름. 모두 여유롭다. 그 속에 모차르트복장을 한 사람도 보인다. 늘 공연이 있는 도시라서 배우려니 하고 유심히 지켜보니 오페라하우스의 공연 암표 파는 사람이다. 암표 파는 사람까지도 느긋하다.

여유로움과 평온은 어디서 오는 것일까. 거리를 오가는 사람들, 카페에 앉아 있는 사람들 대부분이 노인이다. 느긋하게 차를 마시고 술을 마시며 이야기를 주고받는다. 오래된 건물 사이로 오래된 길이 있고 그 길로 노인들이 거닌다.

비보이 공연을 하는 젊은이들 한 무리가 있을 뿐. 거리를 메우고, 커피집과 술집을 차지하고 앉은 젊은 학생들이 이곳에는 별로 보이지 않는다. 사람보다 우선되는 차도 많이 보이지 않는다. 차도와 인도, 횡단보도도 딱히 구분해 놓은 것 같지 않다. 좁은 길을 따라 같이 흐른다.

노인들이 거리를 오가고, 노천카페에서 이야기를 나누고, 공원에서 운동을 하는 이곳. 오래된 건물 슈테판성당이 비엔나의 자랑이자 상징이자 중심이 되는 것처럼 노인들이 거리의 주인이다.

어머니랑 같이 차를 탄 적 있다. 보통의 자리에 앉기도 뭐하고 그렇다고 경로석에 앉기도 그랬다. 몸도 편하고 마음도 편한 자리는 어디일까. 결국 우리는 같은 차에 탔는데 따로 앉게 되었다. 각자 안전하게 잘 있으니 걱정하지 말라는 신호로 가끔 사람들 사이로 눈을 맞추며 갔다. 어머니가 앉아 계신 쪽은 어쩐지 가라앉아 보였다. 저건 우대가 아니고 소외 같은데. 저 자리에 앉아야 되는 나이가 되면 어쩌지. 외출을 하지 말까. 그런 생각을 해본 적 있다.

경로석이 없는 지하철을 타고 시내 중심가로 나와 거리를 걷다 온몸을 던져 공연하는 비보이를 만나면 뜨거운 갈채를 보내고 노천카페에 앉아 달콤한 '비엔나커피'를 천천히 마시는 미래의 내 모습을 그려보는 사이 휘핑크림을 만년설처럼 얹은 '멜랑주Melange'라는 커피가 나왔다.

괜찮습니다

 먼 곳으로의 여행이 처음이라 호기심보다는 두려움이 커 발길이 가볍지만은 않다. 까딱하면 집으로 돌아오지 못할 수도 있으니 조심, 또 조심하라며 남편은 겁을 준다. 자기는 출장길이라 잠깐의 짬밖에 낼 수 없으니 먼저 가 있으라는 것은 좋은데 그런 충고는 심하다. 등 떠밀려 비엔나에 먼저 오고 말았다. 처음엔 머물고 있는 동네만 산책하고 들어오곤 했으나 그렇게 보름 가까이를 보낼 수는 없는 일. 그래서 시내에 나가 보기로 했다.
 그 도시를 알아가는 데는 대중교통만 한 것이 없다. 좁은 골목을 따라 지하철역을 찾아간다. 역이 보이는 곳까지 나와 길가의 잗다란 꽃들을 들여다보고 있는데, 예상치 못한 일이 생겼다. 아이들이 다가와 말을 걸더니 눈을 맞추고 깡통을 내미는 것이 아닌가. 우물쭈물하는 사이에 아이들이 우르르 가버린다. 웃으며 동전 한 닢 담아줄 걸, 아이들이 보이지 않을 때까지 멍하니 서 있다. 아쉬움에 꼬마들이 남기고 간 인사말을 여러 번 되뇌어본다. "비테.(괜찮습니다.)"

시내 중심가로 가는 지하철은 도나우 강을 지난다. 유유히 흐르는 강물에 몸을 맡긴 듯 평화로이 노니는 백조가 보인다. 발을 열심히 움직이고 있을 것이 짐작되지 않을 만큼 우아하고 아름답다. 긴장된 마음을 눌러 놓고 창밖 풍경이나 감상하는 내 모습 같다. 언어의 장벽과 낯선 길을 극복할 일에 머릿속은 백조의 발보다 바쁘다.

출구에 따라 다른 길로 가버릴 수 있다는 사실을 알고 있었으면서도 무심코 반대의 길로 들어선 나. 사람들이 우르르 많이 가는 쪽으로 따라온 결과다. 이왕 올라 왔으니 방향만 잡고 그냥 가 본다. 원래는 트램을 갈아타고 두 정거장 가는 것이었는데 걷다 보니 반은 와 있다. 건너편으로 박물관이 보인다. 그것도 괜찮았다는 생각이 든다. 잘못 들어선 길이라고 헛걸음만 하는 것은 아니다.

미술사 박물관이 오늘의 목적지다. 여유를 찾기 위해 바깥을 먼저 둘러보며 살피는데, 출입문 같지 않은 문으로 간간이 사람들이 드나들고 있다. 보통 미술관은 관람자를 위한 문은 열려 있고 닫혀 있는 문 앞에는 관계자외 출입금지라는 쪽지가 붙어 있게 마련이라, 닫혀 있는 문을 선뜻 열 용기가 나지 않는다. 그 문을 밀고 들어갔다가 혹 쫓겨나기라도 한다면 무슨 창피인가. 그 문외에 다른 문이 없어 육중한 문을 조심스레 밀어본다. 열려 있지 않은 문을 밀고 들어서는 기분도 괜찮다.

관람권을 사는 데도 한참이다. 밤새워 공부하고도 시험지를 받아들면 머릿속이 하얗던 것처럼 관광안내서를 읽고 왔는데 도움이 되지 못한다. 웅대한 건물의 계단을 오르니 마음이 놓인다. 대리석 기둥이 화려한 원형카페가 있고 양쪽으로 펼친 날개처럼 전시실이 나뉘어져 있다. 오른쪽 날개로 들어선다. 사진으로 보았던 그림을 진품으로 본다는 것이 신기하다. 대단한 그림이 많아도 끝으로 갈수록 걸음이 빨라진다. 뚫어져라 보아도 기억에 남기기에는 어차피 그림의 수가 많다.

날개에서 내려 카페로 간다. 케이크와 커피를 주문해놓고 메모지를 꺼내려다 보니 카메라가 보이지 않는다. 가방을 털어도 없다. 셀프 카메라를 하고 그냥 자리를 뜬 거다. '자허도르테'와 '아인슈페너'라는 케이크와 커피를 맛보는 것도 이번 여행계획 중 하나였다. 정신을 카메라에 뺏겨 맛을 느낄 수가 없다. 마음을 가라앉히고 어떻게 할 것인가 생각을 정리한다.

아래층 안내소로 내려간다. 누군가 카메라를 주워 맡겼을 것이니 몇 마디면 바로 찾을 수 있을 줄 알았다. 예상과는 달리 말이 잘 통하지 않는다. 봉사자는 내가 물어본 몇 마디보다 훨씬 많은 말을 해대니 알아들을 수가 없다. 아까부터 머릿속을 맴돌고 있던 그 '비테'란 말을 남기고 돌아섰다.

그때 무전기를 든 젊은 안내원이 보인다. 다른 사람 안내가 끝나기를 기다려 말을 붙인다. 처음보다 구체적으로 말하긴 했지만, 안내소의 봉사자와는 달리 내 말을 잘 알아듣는다. 어딘가로 연락을 하고는 무전기를 내려놓으며 살짝 웃는다. 이미 찾은 듯 기분이 좋다.

말이 통했다는 게 더 좋다. 얼마 지나지 않아 이층에서 남자안내원이 내려왔다. 둘이 내게 다가와 무슨 말인가를 한다. 몇 가지 단어만 알아듣고 고개를 끄덕이며 웃음으로 대답을 대신한다. 그 순간 주머니에서 카메라를 꺼내 보인다. 우리 셋이 활짝 웃으며 일이 마무리되었다.

고마운 마음을 전하고 싶은데 뭐 기념될 만한 물건이 없다. 늘 넣고 다니던 사탕 한 알도 없다. 할 수 없이 우리나라 지폐 한 장을 그녀에게 내밀었더니 사양한다. 큰돈이 아니고 그냥 기념으로 주는 것이라 하니 받는다. 동료에게 흔들어 보이며 고맙단다.

문을 열고 광장으로 나온다. 아직 해가 눈부시다. 선글라스를 꺼내 쓴다. 위축되었던 마음이 풀리고 비로소 느긋해진다. 들어

갈 땐 잔디 속에 핀 가을데이지처럼 작은 나였는데 나왔을 땐 미술관을 품은 듯 부풀었다. 흥얼흥얼 콧노래가 나온다.

 '마리아 테레지아' 동상 앞 단 위에 놓인 카메라의 셀프타이머가 째깍거린다. 혼자 하는 여행도 괜찮다는 듯 렌즈를 향해 실실 웃는다. 지나가는 사람이 사진을 찍어 주겠다며 다가온다.

 "노 프라블럼."

 "비테."

십리사탕

사탕이 든 유리병이 창가에 놓여 있다. 초록 주황 노랑이 한 알씩에 나머지는 흰색 사탕이다. 색이 어우러져 참 보기 좋다. 얼마 전 친구가 한 움큼 주었는데, 어찌나 반갑던지 다 먹지 않고 남겨두었다.

내가 초등학생 때 한동안 십리사탕이라는 이름으로 유행했던 그 사탕이다. 십 리를 가는 동안 먹을 수 있는 사탕이라는 뜻이다. 십리사탕이 아니라 십년사탕이었는지 생각만으로도 지금까지 달콤하다. 분명 수입 사탕이라 하면서 주었는데 그 당시에 시골마을에 그런 사탕이 어떻게 있었는지는 알 수 없다.

학교 앞에는 문방구가 여러 개 있었다. 교문 바로 앞 문방구에만 학용품이 갖추어져 있고 교문에서 멀어질수록 학용품보다 과자를 더 많이 팔았다. 말이 문방구지 사실은 모두 잡화점이었다. 가게가 많아 학교를 오가는 길이 더 신나고 재미있었다. 가끔은 학용품 살 돈으로 과자를 사 먹고 곤란을 겪기도 하였다. '또'가 나오면 계속 뽑을 수 있는 풍선껌 뽑기가 시들해질 무렵이었지 싶다.

풍선껌 '또' 뽑는 비밀을 알아낸 우리 동네 아이들을 문방구 주인이 싫어했기 때문에 관심이 다른 데로 옮겨갔다. 우리 동네 다섯 여자아이들은 모여서 다녔다. 급식으로 받은 빵도 먹어버리거나 집에 가져가거나 무엇을 하든 늘 같이 행동했다. 고갯마루에서 공기놀이도 하고, 남의 밭에 들어가 무도 뽑아 먹었다. 착한 일도 나쁜 짓도 같이 했다.

그 무렵 마을 끝에 새로운 구멍가게가 하나 생겼다. 그냥 아랫방에다 과자를 좀 두고 잔손님을 기다리는 식이었다. 지금 생각하면 기다리기만 하는 것이 아니라 길에 나와 은근히 아이들을 불러들였던 것 같다. 그 집에서 처음 팔기 시작한 것이 십리사탕이었다. 그 유혹은 부르는 아주머니보다 더 강력했다. 신기한 십리사탕 때문에 단골이 되었다.

집까지는 십 리도 안 되는 거리였다. 십리사탕 십 원어치 산 날은 수십 리를 가는 시간만큼 걸려서 집에 갔다. 십 원에 열 개였으니 백 리를 가는 동안 먹을 수 있는 셈이었다. 빨리 먹고 싶어도 돌처럼 딱딱해 깨지지 않았다. 그래서 돌사탕이라고도 했다. 먹다먹다 남으면 주머니 속에 숨겨 집으로 갔다. 십리사탕만 있으면 모든 것이 달콤했다.

우리는 방앗간에 매일 들르는 참새가 되어갔다. 돈이 없는 날도 그 집 앞에서 서성거렸다. 그러면 자주 오라는 당부와 함께 십리사탕 한 알씩을 주었다. 그런 날은 달콤함을 아껴야 했다. 처음 사탕을 입에 넣으면 단물이 밖으로 흐르지 않도록 입술을 꼭 오므리고 먹었다. 볼록한 볼을 실룩거리며 나무 그늘에 앉아 공기놀이를 하다 보면 어느새 사탕이 콩알처럼 작아졌다.

사탕만 작아진 것이 아니라 꿈도 콩처럼 작아진 것인지. 요즈음은 한 개 남은 사탕을 먹어버린 것처럼 허전하다. 십 원어치가 주었던 그 달콤함을 어디에서 다시 구할 수 있을까. 주머니 속에 몇 알 꼭꼭 숨겨 두었더라면 하는 생각을 해 본다.

달콤했던 그 시절이 지나면서 십리사탕도 잊고 있었는데 다시 십리사탕을 받은 것이다. 그 사탕을 보는 순간 마치 오래된 과거를 만난 듯 반가웠다. 그때처럼 다 먹어버리지 않고 유리병 속에 담아 두었다. 유난히 단물이 많고 컸던 풍선껌을 질겅질겅 씹으며 다녔던 그 시절이 그립다.

단맛에 취해 해가 저물도록 까르르 웃으며 놀았던 그때가 그리워 유리병의 사탕 한 알을 꺼내 입에 살며시 넣어 본다. 한 알로는 볼이 볼록해지지도 않는다. 오늘도 달콤함을 찾아 나서 본다. 볼이 볼록해지도록 달콤한 그 무엇을 찾을 수 있을지.

리듬을 타다

 오랜만에 노래방엘 갔다. 음정박자를 못 맞추니 겨우 2박자나 4박자로 된 트로트 한두 곡을 십여 년째 부르고 있다. 오늘은 들어본 모든 노래를 다 불러볼 참이다. 음정박자가 틀리면 어떠랴. 그냥 소리라도 질러볼 참이다. 노래를 잘 부르는 사람들은 하나같이 자신감을 가지고 리듬을 타라고 조언하지만 어디 그게 맘대로 되는 일인가.
 그 전에는 한 마디의 노래도 부르지 못했다. 아예 소리가 나오지 않았다. 입도 벙긋 못하는데 노래방만 다녀오면 목이 아팠다. 마이크를 독차지하다시피 한 옆 사람은 멀쩡한데 왜 내 목이 쉬고 아픈지 알 수가 없었다. 그렇다고 말 못하는 벙어리는 아니다. 학창 시절에는 제법 앞에 나가 몸까지 흔들며 유행가를 불렀는데 어른이 되고부터 갑자기 노래 문이 막혔다. 나를 잃어버린 듯했다.

서당 개 삼 년이면 풍월을 읊는다더니 노래방엘 들락거리다 보니 어느새 손에 마이크가 들려 있었다. 순전히 알코올의 힘이었지 싶다. 노래방에 같이 다녔던 시숙모님은 인생 별 거 없다며 일할 때는 일하고 놀 때는 신나게 놀아야 되는 것이라 주장했다. 자주 듣다 보니 인생을 무겁게 붙잡고 있다는 생각이 들었다. 편해지기 위해 분위기 맞춰 술도 조금씩 마셨다. 술을 마시자 답답했던 숨통이 트이는 듯했다.

내친김에 노래방엘 갔다. 다른 사람들이 신나게 노래를 부르는 순간, 언제 입력되었는지 머리에 스치는 노래가 있었다. 빨리 확인해 보고 싶은 마음에 마이크를 들었다. 이래도 한세상 저래도 한평생 돈도 명예도 사랑도 다 싫다고 가슴 절절이 노래를 불렀더니 주위가 조용해졌다. 찬물을 끼얹은 듯 가라앉은 분위기와는 달리 벌렁거리던 가슴은 차분했고 다리도 후들대지 않았다. 그런데 같이 간 사람들이 가정에 무슨 문제 있느냐고 물었다. 그런 것은 없고 아는 노래가 딱 하나 그것뿐이라고 했더니 못 믿는 눈치다.

노래방을 나서면서 숙모님은 청승맞은 노래는 다음부터 부르지 않는 게 좋겠다고 했다. 입도 벙긋 못하다가 겨우 한 곡을 찾았는데 오해를 했나 보다. 가정에 별 문제는 없다고 해도 사실 그때는 사는 것이 힘들기는 했다. 마음은 굴뚝인데 노래가 되어 나오지 못하는 것처럼 마음대로 하지 못하는 현실이 안타까웠다. 할 말을 못해서 목이 아프다고 돈도 사랑도 다 싫어서 죽는 일을 찬미할 만큼은 아니었다.

다시 노래를 부른다. 시숙모님의 권에 못 이기는 척 한 잔 두 잔 마시다 보니 제법 술도 마시게 되었다. 술을 너무 먹었는지 이제는 가사까지 음미할 수 있는, 분위기 있는 노래가 부르고 싶어질 때도 있다. 노랫말을 음미하다 박자를 놓치면 옆 사람이 바닥을 두드리며 거들어 준다. 노래 부를 때 가사보다 더 중요한 것은 리듬 타는 것과 소리의 길이와 높낮이의 어울림이었다.

리듬을 탈 수 있다는 것이 중요하다. 그동안 리듬이 없는 노래를 부르고 있었던 것이다. 박자의 센박 여린박을 조절하여 노래를 부르면 맛을 살릴 수 있다는 것도 알았다. 우선은 강약이 반복된 트로트가 부르기 쉽다. 소리가 나오지 않을 때에 비하면 단순한 리듬이라도 탈 수 있게 된 것은 비약적인 일이다. 자신감만 가지면 꺾기와 바이브레이션까지도 문제없다. 나중에는 여러 가지 기교까지 감당할 수 있을 것이다.

삶의 순간순간을 조화롭게 이어서 완성하는 것이 인생 리듬이다. 그렇다면 노래의 리듬을 쉽게 찾지 못했다는 것은 어쩌면 사는 것이 서툴렀다는 뜻이다. 리듬을 타야 노래가 되듯이 삶에도 리듬이 있어야 조화롭다는 것을 비로소 알게 되었다. 삶에도 평탄대로일 때도 있고 가시밭길일 때도 있다. 저음 뒤에는 고음을 준비하듯이 평탄한 길을 갈 때는 곧이어 가시밭길이 나올 것이란 걸 예상하고 걸어야 한다. 리듬을 타지 못하는 노래가 재미없듯이 리듬이 없는 삶은 재미없다.

나를 찾는 길은 험하고 멀었다. 사람이 바이오리듬에 따라 정신적 신체적으로 상승기와 저조기가 있듯이 내 인생의 리듬은 다시 노래를 부르게 된 지금이 상승기다. 노래 부르는 연습을 하고 다시 노래방엘 갔다. 아직은 박자를 놓치고 음정이 불안하지만 리듬을 타기 위해 적당히 몸동작을 섞어가며 노래를 부른다. 목만 아프고 터져나오지 않던 소리를 다시 낼 수 있게 된 것은 삶에 대한 자신감이다.

다시 노래를 부를 수 있게 된 것은 삶의 진정한 주인이 내가 되었다는 뜻이다. 살아 있다는 것을 확실하게 느낄 수 있으려면 더욱 리드미컬한 노래가 재미있지 않을까 싶다. 그것을 깨닫는 데 긴 세월이 지났다. 이젠 어떤 노래도 감당할 수 있을 것 같다. 맘껏 노래 불러도 목이 아프지 않을 그날까지 노래를 부를 것이다.

누구 탓인가

　재료가 좋으면 이미 반은 맛있는 김치가 된 거나 마찬가지다. 입맛 없는 여름에 김치라도 맛있게 담가 보려던 참이었다. 배추가 좋았다면 더위도 잊고 들락날락 정성을 들였을 텐데 처음과는 달리 귀찮기만 하다.
　겉모양으로 봐서는 얇은 잎이 차곡차곡 자라 노란고갱이라도 있을 듯했다. 그런데 반을 갈라 보니 심이 있고 그 줄기 따라 질서도 없이 잎들이 구겨져 있다. 색깔은 무 같고 두꺼운 속이 말려 있는 모양새는 양배추 같다. 여름배추라 큰 기대는 하지 않았지만 이건 정도가 심하다.
　소금을 대충 뿌려 두었다. 찹쌀 풀에 개려던 양념을 밀가루

풀에 개었다. 토실한 육젓 대신 추젓을 넣었다. 마늘도 작년에 찧어 냉동실에 보관해 온 것을 넣었다. 깨소금도 아까웠다. 배추 고르기에 실패하자 아까운 양념만 버리면 어쩌나 하는 계산이 앞섰다. 그러면서도 한편으로는 간이 딱 맞고 발효가 잘 될지도 모른다는 기대를 하게 된다. 작년 김장 때 남은 배추를 적은 양념으로 쓱쓱 문질러 소금만 더 뿌려 두었는데 올 봄에 맛있게 먹었다. 이처럼 배추의 덕을 본 때도 있었다. 일이 저절로 잘 되고 운이 따른다면 얼마나 좋을까. 세상에 그런 일은 잘 일어나지 않는가 보다.

 누구는 좋은 조건에서, 하는 일마다 잘 되는 것 같고, 복이 절로 굴러온 것같이 느껴질 때가 있다. 그럴 땐 삶이 나를 속였다고 억울해 하기도 한다. 노력은 하지 않고 삶이 내 마음대로 살아지지 않는다고 탓만 하고 있다.

 미모에 직장생활도 성공적으로 하고 있는 친구가 있다. 피부는 백옥같이 희고 매끈하다. 누구에게 친구의 얘기를 할 때면 연예인보다 피부가 고운 사람이라고 소개한 적도 있다. 고운 피부는 타고난 복이라고만 생각했다. 그런데 옆에서 자주 보니 그게 아니었다. 타고나기도 했지만 관리를 더욱 잘한다는 것을 알 수 있었다. 자외선 차단 크림을 철저히 바르고, 햇볕 가리는 챙이 긴 모자를 쓰고, 또 차에 싣고 다니기까지 했다. 저녁마다 오이 팩을 한다는 사실도 알게 되었다.

거울을 들여다볼 때마다 관리를 게을리한 것이 후회된다. 기능성 화장품을 쓴다는 것은 허위광고에 속는 것이라 외면해버린 것도 한몫했나 싶다. 진즉에 귀 기울여 주름 펴지는 화장품을 써볼 걸. 소홀했던 지난 세월의 흔적이 얼굴에 자리잡은 후에야 후회한다. 이런 일은 얼굴 가꾸는 데에 한한 이야기가 아니다.

그녀는 평소에 외국어 공부도 열심히 한다. 운전하며 신호대기 중이거나 잠시 나는 짬에도 회화테이프를 듣는다. 그녀처럼 평소에 영어 공부를 해 두었더라면 여행에서 실수가 덜 했을 텐데, 일이 터지고 어려움을 겪고 나서야 비로소 그것을 깨닫는다. 언어를 잘하는 것은 명민하게 타고난 그녀의 복이라고만 치부해버린 탓이다. 미리 준비하지 못하는 게으름이 안타깝다.

무엇인가 다른 사람보다 특출한 면이 있다는 것은 반드시 그럴 이유가 있다. 자신의 장점을 최대한 살리려는 노력이 있었던 것이다. 그리하여 필요한 경우에 익혀둔 장점으로 제 구실을 다하게 된다. 자기 색깔이라는 것은 후차적으로 만들어 갈 수 있다.

배추김치를 담고자 했는데 무가 아니고 배추라는 사실이 이미 덕이다. 그런데 배추가 좋지 않다고 하여 양념까지도 그것에 맞추어 나쁜 것을 쓴다면 김치의 맛은 뻔한 것이다. 하나가 모자랄 때 다른 하나라도 좋은 것을 쓰면 상승효과가 있을 텐데, 아예 포기하고 좌절하는 것은 옳은 일이 아니라는 생각이 문득 고개를 든다.

 주재료도 중요하지만 양념 또한 무시할 수 없다. 심은 잘라내고 부추라도 곁들여 맛있는 젓국을 넣고, 윤기 나는 찹쌀 풀에 고춧가루를 개어 담갔더라면 재료는 이미 탓할 일이 아니라는 판단이 뒤늦게야 떠오른다.

돌아보는 이유

　차분한 초가을 날씨다. 메모를 체크하며 마지막 짐 정리를 한다. 여행안내서라도 살펴보면 좋으련만 손에 잡히지 않는다. 모처럼의 여행인데 마음이 따라가지 못한다. 집을 두고 어디를 간다는 게 사서 하는 고생은 아닌지 자꾸 되돌리고 싶다. 집보다 나를 끄는 것이 있을까. 아마 리턴스위치가 있었다면 분명 눌러버렸을 것이다.
　되돌리고 싶은 순간을 수없이 지나는 것이 삶이다. 최선의 선택을 하고자 하나 뜻대로만 되지는 않는다. 스스로 성큼 앞으로 나아갈 때도 있고 밀려서 가기도 한다. 스스로 택한 일에는 마음이 따라오나 밀려서 갈 때는 몸만 간다. 뒤돌아보는 이유는 따라

오지 않는 마음 때문이다.
　가족들의 성화가 있긴 해도 마지막 결정은 분명 내가 한 일인데 왜 자꾸 되돌리고 싶을까. 내일 아침이면 떠나야 한다. 혼자 여행을 해 봤으면 하는 바람이 늘 있었다. 잘한 일이라는 주문을 외며 잠을 청한다. 나보다 더 걱정하는 가족들은 잠이 안 오나 보다. 그러다가는 인천공항서 비행기를 놓치고 말 것이라는 둥 잔소리가 이어진다.
　오늘은 식구들이 나를 뒷바라지한다. 부엌으로 마당으로 뒷일을 챙긴다. 신경쓰지 말라지만 그럴 수가 없다. 사서 걱정이다. 이 수선을 달고 나가야 되니 부담된다. 역시 보내는 입장이 편하다. 다시는 일상을 흐트러뜨리는 일은 계획하지 말아야지. 다시는 내가 내 자유를 빼앗는 비행기 표는 사지 말아야지. 선경의 세계가 기다리고 있을지라도. 유럽을 가보지 않았으니 그런다지만 그건 모르는 소리다.
　오스트리아 비엔나로 가는 비행기가 시내버스보다 복잡하다. 앞뒤 옆 좌석은 모두 일본 사람들로 채웠다. 떠드는 것이 단체여행객의 특권인 줄 아나 보다. 일본 남성들은 여성들 못지않은 수다쟁이다. 국제선 비행기라면 멋쟁이 신사숙녀들이 많을 줄 알았는데 그냥 장보러 나온 사람들 같다. 지하철보다 시끄럽고 답답하다. 그 와중에도 잠은 온다.
　비행기는 하늘을 날고 있다. 담요 쌌던 봉지가 없어지고 물

티슈가 놓여 있다. 저쪽에선 음료를 주는 모습이 보인다. 와인을 주문해 한 모금 마신다. 목을 타고 흐르는 약간의 알코올이 여행의 흥을 돋운다. 이어 비빔밥을 주문해 먹는다. 버스나 지하철과 다르다는 걸 실감한다.

엉덩이가 몹시 아프다. 돈을 주고 이런 고생을 하다니. 천장에서 찬바람이 내려오니 낯이 차고 건조해서 괴롭다. 이럴 때 차도르라는 것이 있다면. 모자 달린 옷이라도 챙길 걸. 머플러를 머리에서부터 내려 낯을 가리니 한결 낫다. 손바닥 발바닥도 서걱거린다. 건조한 공기에 피부가 맥을 못 춘다.

공항에 도착하니 눈앞이 싹 바뀌었다. 보이는 글자가 모두 독일어다. 한국 사람들은 어디로 사라졌으며 대한항공 예쁜 승무원들은 어디 있지. 내려만 놓고 가버리다니. 드디어 가족들이 걱정하는 일이 일어나는 것은 아닐까. 한 번 꼬여버리면 그 나라에 입국도 못하고 국제미아가 된다 했는데, 이러고 있을 때가 아니다. 같은 비행기에서 내린 아가씨를 종종걸음으로 따라간다. 앞 사람들은 카트에 짐을 싣고 편안히 가고 있다. 인천공항에서도 카트를 끌더니 언제 저런 것은 차지했을까. 참 빠르기도 하다. 앞 사람 따라 가기도 바쁜데 그들은 여유롭다.

전광판의 인천이란 글자를 보고서야 앞사람을 놓아버린다. 지금이라도 카트를 끌고 올까하다 그만둔다. 인천공항에서 헤어졌던 트렁크가 터덜터덜 벨트를 따라 오고 있다. 반갑다. 둘이 의

지해서 출구로 향한다. 대기한 차를 타고 목적지로 간다. 호기심 어린 눈으로 비엔나의 거리를 훑는다. 어느새 마음이 앞서 있다. 중요한 것 모두 뒤에 있는 것 같았는데 지금은 앞으로 나아갈 때다.

역시 되돌아보게 된다. 앞에 보이는 것을 찾아가야 하는데, 나는 아무래도 스친 것이 더 중요한 것 같다. 이런 현상이 내게 있었다는 것을 미처 알지 못했다. 이번에 비엔나로 오면서 그것을 절감한다. 앞에 보이는 것보다는 지나간 것이 훨씬 의미 있고, 가치 있는 것으로 판단되어 아쉽다. 아무래도 내가 가는 이 길이 잘못된 것 같고, 더 좋은 길은 스친 것 같아 조바심이 앞선다. 이번 여행은 내가 스스로 결정한 것인데도 마음이 나를 따라오지 못하여 되돌아보게 된다.

외식

 안성옥에 육천 원을 보태어 주고 온 것이 못내 아쉬웠다. 서울로 가는 동안 내내 속이 쓰렸다. 이런 느낌이 싫어 되도록이면 밖에서는 밥을 사 먹지 않으려고 했다.
 그 집의 쇠고기 국밥은 무척 짰다. 사람 입맛에 따라 짜게도 싱겁게도 느낄 수 있겠지만 물을 타지 않고는 먹을 수가 없었다. 딸려 나온 밥은 기름기라고는 없이 모래알처럼 퍼석거렸다. 마지막 온기를 간신히 담고 있었다. 가장자리를 따라 누렇게 변한 밥이 붙어 있었다. 멀건 깍두기는 물에 씻어낸 듯 후줄근했다.
 식판을 봐야 되는 눈부터 괴롭고 입은 더욱 괴로웠다. 기계 앞에서 돈 받는 아가씨를 한 번 쳐다보고 주방 쪽을 다시 봤다.

밥을 팔고 있는 저 사람들이 형편없는 이 밥에 대하여 알아주기를 바라는 맘으로 흰 가운을 입은 주방 아주머니들을 계속 보고 있었다. 계산을 하고 돈을 받아 금고 속으로 넣는 일에만 열중하는 아가씨, 반찬과 밥을 식판에 얹어 앞으로 내미는 아주머니, 식은밥이나 짠 국은 어쩌면 그들과는 상관없을 수도 있다. 돈을 벌기 위해 고용된 그들은 일만 하고 그 외의 것은 주인의 책임일까. 그들도 이 밥을 먹을까. 아니면 다른 음식을 먹을까.

따뜻한 물을 타서 먹어 보았다. 그래도 잃어버린 맛을 돌려놓기는 어려웠다. 더 맛이 없었다. 서너 숟가락을 억지로 먹고는 국 속에 음식을 모아 넣고 빈 그릇 반납하는 곳이라고 써진 구멍 속으로 밀어넣고 나왔다.

클 수도 있고 작을 수도 있는 육천 원이 눈앞에서 아른거렸다. 우유 한 봉으로 점심을 때웠다면 육천 원은 큰돈이다. 스테이크라도 먹었다면 그나마 육천 원은 작은 돈이니 다행이다.

이런 일이 있을 때마다 생각나는 집이 있다. 바다를 좋아하는 우리는 대전에 이사를 오자 바로 대천으로 갔다. 바다를 가면 으레 들러야 하는 어시장 구경을 겸해서. 바다 구경만 하고 돌아서기는 언제나 아쉽다. 서해바다 회 맛을 봐야 된다는 핑계로 횟집 앞에 섰다. 광어 오만 원, 도다리 오만 원 그렇게 씌어진 횟값과 지갑의 돈을 맞추어보고 문을 열었다. 바다가 보이는 창가에 자리를 잡고 도다리 회를 시켰다. 갑자기 하는 외식인데다 비싼 횟집을 선택했으니 제대로 된 음식이 나오기를 바랐다.
 시킨 것은 도다리 회 오만 원이었는데 정작 회가 나오기 전에 다른 음식이 나왔다. 전복죽을 시작으로 갖가지 음식이 차례로 나왔다. 새우, 해삼, 멍게, 생선구이 등 정갈한 음식이 자꾸 나오니 우리가 뭘 잘못시켰나 하는 생각이 들었다. 음식점 벽을 빙 둘러봐도 도다리 오만 원, 광어 오만 원 뭐 그런 내용 말고는 적힌 것이 없었다.
 회가 나왔다. 머리와 꼬리가 살아 있어 금방이라도 바다로 돌아갈 것 같았다. 가운데 살점이 떠지기는 해도 바다로 보내주면 다시 살이 차서 살 수 있지 않을까 하는 엉뚱한 생각을 했다. 배 모양의 접시 위에 누워 있는 모습도 재미있다. 회는 역시 술이 있어야 제격이다. 회 한 점과 술 한 잔이 궁합을 맞춰 술술 잘 넘어갔다. 제대로 된 횟집을 알았으니 다음에 다시 오자며 마지막 술잔을 기울일 때였다. 음식이 또 나왔다.
 이제는 매운탕과 밥을 냄비째 들고 왔다. 고슬고슬한 밥을 퍼주는 사람의 손길에 정성이 배여 있었다. 그 순간 우리는 눈을 마주보며 똑같이 당신이 시켰냐는 신호를 보냈다. 서로 이게 아닌데 하고 머리를 가로저었다. 누룽지까지 박박 긁어놓고 날라다 준 사람이 자리를 뜨자 지갑의 돈을 다시 한 번 세어 보았다. 의사 전달이 잘못되어 값을 더 내게 될 경우를 대비했다. 아이가 음료수 먹고 싶다 할 때는 나가서 두 개 사 준다는 말로 달랬다.

계산대에 섰다. 우리는 분명히 회만 시켰을 뿐이라는 말을 돈과 같이 준비했다.

걱정과는 달리 모두 다 도다리 회에 포함된 것이라고 했다. 정성스런 음식을 대접받은 기분은 좋았다. 식당 주인의 얼굴과 상호를 마음에 새기려는 듯 우리는 자꾸 뒤돌아봤다.

요즘 사람들은 외식을 자주 한다. 바쁜 생활에 밖에서 밥을 해결하는 것은 필수 불가결한 일이다. 간단한 국밥을 먹든 마음먹고 찾아가는 고깃집이건 제대로 된 음식을 만나는 것은 기분 좋은 일이다.

오늘 같은 날에는 어김없이 대천의 그 횟집과 주인의 얼굴이 생각난다.

페르소나

오늘도 컴퓨터를 켜자마자 블로그 사이트에 로그인한다. 친구의 블로그에 간다. 적어도 하루에 두 번, 습관이 됐다. 새로운 사진이 올라와 있다. 출장길에 남편이 사다준 핸드백이라고 적었다. 다른 사람들이 든 것을 더러 보았던 것이다.

블로그는 지금 유행하고 있는 개인 사이트로, 많은 사람이 특히 여성이 일기를 쓰거나 사진을 올리거나 하는 데에 주로 사용한다. 자신의 개성적인 가상공간을 꾸미는 것과 친구들 사이에 대화를 주고받는 것이 가능하기 때문이다. 블로그를 통해 친구의 안부도 물을 수 있다. 속속들이 사생활을 들여다볼 수도 있다. 아니 보여준다.

그런데 최근에는 많은 사람들이 블로그를 허세의 도구로 사용하고 있는 것 같다. 자신의 하루를 기록하여 반성의 기회가 되어야 할 '일기'가 다른 사람들에게 읽히기 위한 글이 되어 버린다. 타인에게 나는 '지적인 사람이다.' 라는 인상을 주기 위해, 다른 사람이 쓴 글을 마치 자기 자신이 쓴 것처럼 당당하게 자신의 블로그에 올려놓거나, '나는 이렇게 비싼 선물을 받았다.'라고 말하기 위해 받은 선물의 사진을 찍어 올리거나 하는 것이다. 높은 조회 수와 방문자 수가 인기의 척도라고 믿고 그 숫자들이 자신의 가치를 판단해 준다고 생각한다. 하루 종일 자신의 블로그 관리에 시간을 사용하는 사람들을 일컫는 '블로그폐인'이라는 말까지 생겼다.

나도 한때 이러한 블로그폐인이 될 뻔했다. 컴퓨터 앞에 눌러앉아 타인에게 읽히기 위한 글을 쓰고, 내가 경험한 모든 것의 사진을 찍어 올리고, 방문자 수를 올리기 위해 친하지도 않은 사람의 블로그에 가서 인사를 하는 데 여유시간을 많이 할애했다.

변화는 얼마 전 제주도 여행 때에 찾아왔다. 집에 돌아가면 블로그에 올리려고 무의식중에 사진을 찍다가 문득 이런 생각이 들었다. '나는 지금 타인에게 보이기 위한 사진을 찍는 데에만 열중한 나머지, 진짜로 나의 눈앞에 있는 경치를 보지 못하고 있는 것일지도 모른다.'

그 후 곰곰이 생각해 본 끝에, 타인의 눈을 의식해서 블로그를 관리하는 데 사용했던 시간을 진짜 나 자신의 발전을 위해 사용하기로 했다. 평소 같았으면 블로그를 할 시간에 운동을 시작했다.

다른 일로 인터넷에 접속하면 으레 블로그 관리부터 시작했던 습관을 버리기가 쉽지 않았다. 하지만 시간이 흘러 점차 익숙해져, 지금은 인터넷에 접속해도 필요한 일만 하고 컴퓨터를 끈다. 블로그는 다른 사람에게 보이기 위함이 아닌, 나 자신을 위한 기록장으로 사용하고 있다.

'페르소나' 라는 말이 있다. 타인에게 보이기 위한 인격을 일컫는 말로, 화가가 그린 자화상을 '페르소나' 라고 한다. 많은 화가들이 자신을 조금 더 잘 생겨 보이게, 인상이 좋아 보이게 하기 위해 자화상을 미화해서 그린다. 인터넷 미니홈피나 블로그는 어떤 의미로 자신이 만든 자신의 모습, 즉 '페르소나' 라고 할 수 있을지도 모른다. 하지만 정말 중요한 것은 미화시켜 그린 그 얼굴이 아니라 진짜 자신의 얼굴이라는 것을 깨닫지 못하고 있다.

꾸며서 보여주는 것이 이 시대의 관습이 되고 있다. 그 관습의 틀을 뛰어넘어 내면의 진짜 나를 위해 오늘도 운동화 끈을 맨다. 꾸민 얼굴이 주부인 나를 교수로 만들어 주는 것도 아니다. 포토샵을 해서 올린 매끈한 얼굴이 아니라, 조금은 구겨지고 잡티가 있는 그저 그런 모습의 내가 진솔하다.

  인공 미인이 되어 덜 입거나 덜 벗는 패션으로 뭇 사내들을 애태우고 몸 달게 하는 것은 폭력이라고 했다. 꾸며진 얼굴로 친구의 시선을 붙잡는 것은 시간을 뺏는 것이다. 꾸며진 친구의 얼굴을 보아주는 것은 시간 낭비다. 미화시키거나 비하시킬 필요는 없다. 블로그를 통해서건 실제의 모습이건 있는 그대로가 좋다.

튀어야 산다

 모든 꽃이 장미일 필요는 없다. 존재의 가치는 나름대로 다 있는 것이다. 세상 사람들이 장미에다 큰 의미를 준다 해서 나머지 꽃들이 제 삶에 차단기를 내리고 사라질 일은 아니다. '제일주의'는 하나만을 요구하지만, 사회는 일등이 아닌 평범한 사람이 모여 사는 곳이다. 그 속에서 튀는 것만이 최선의 삶일까. 있는 듯이 없는 듯이 있는 시골 간이역 같은 삶을 나는 좋아한다.
 꽃샘추위다. 남도의 꽃 소식이 막 전해지자 기다렸다는 듯이 찾아왔다. 어제와의 기온 차가 십 도 라지만 감이 안 잡힌다. 이미 따뜻한 봄기운을 맛본 뒤라 옷을 어떻게 입어야 할지 대비하기가 어렵다.

"날씨가 추워. 내복 입고 겉옷도 껴입어."

등교해야 할 아이에게 벌써 세 번째 주문이다. 눈을 뜨면서 한 번, 식탁에서 한 번 더, 가방을 메는 순간 또 한 번. 그러나 내 입만 아프다. 교복만 달랑 입고 나간다.

입학 때부터 예쁘게 보여야 된다며 몸에 딱 맞는 교복을 샀던 터라 삼 학년이 된 지금은 밥이라도 굶어야 될 판이다. 꼭 끼는 교복이 불편할 것 같아 좀 큰 것으로 새로 사 입으면 어떻겠냐고 물어본다. 아이가 괜찮다고 할 것임을 뻔히 알면서 그냥 한 번 물어 본 것이다. 헌 교복에 대한 아픈 기억을 가진 나로서는 그 보상으로 아이의 교복을 선뜻 새로 사 입혔을 것이다. '튀는' 교복 때문에 우울했던 나와는 달리 요즘 아이들은 교복을 튀게 입고 싶어한다.

고등학생이 되기 전까지 새 교복을 입지 못했다. 중학교 입학을 앞두고 친구들이 양장점을 들락거릴 때만 해도 집에 교복이 있으니 별 생각이 없었다. 첫 운동장 조회가 있는 날이었다. 밝은 데서 보니 헌 교복과 새 교복은 선명하게 달랐다. 친구들의 하얀 칼라는 눈이 부셨고 주름은 반듯하게 날이 서 있었다. 갑자기 헌 교복이 부끄럽게 느껴졌다. 옆 반 친구들도 선생님도 나만 바라보는 것 같았다. 내 마음을 모르는 교장선생님 훈시는 끝없이 이어졌다.

고등학교 진학이 결정되었을 때 어머니는 헌 교복을 쉽게 구해 오지 못했다. 좀더 숙녀 티가 나게 모양이 바뀐 교복을 만들기엔 어머니의 바느질 솜씨도 한계가 있었던 것이다. 어쩔 수 없이 새 교복을 맞추게 되었다. 여고생이 입는 교복은 여중생이 입는 교복에 비해 훨씬 세련되고 패션 감각이 있었다. 하마터면 튀는 교복 때문에 우울했을 뻔했던 그해 봄은 따뜻했다. 꽃나무 가지를 살포시 잡고 사진을 찍었고, 바닷가 바위 위에 나란히 모여앉아 친구들과 함께 사진을 찍었다.

지금은 헌 교복을 입고 입학하는 아이들을 보기가 어렵다. 편하게 관리하기 위해 두세 벌씩 사기도 한다. 통제를 싫어하는 아이들은 교복 입는 것을 불편해 한다. 어쩔 수 없이 교복을 입어야 되니 마음에 들게 수선을 해서 입는 아이들도 있다. 새 학기가 되면 수선집은 교복 수선하는 일로 바쁘다. 좀더 짧게 좀더 좁게 주문사항이 많다. 개성을 살려 어떻게든 눈에 뜨이고 싶어 한다.

개성을 살려 튀어 본다는 것은 좋은 것이다. 외모나 겉모습만 될 것이 아니라 속으로 쌓은 능력이 있다면 더욱 좋을 것이다.

내가 어릴 때에는 조금이라도 튀는 행동은 흉 거리가 되었다. 머리를 한쪽 가르마로 빗어 핀으로 고정시키는 대신 가운데 가르마로 빗으면 양아치라고 불렀다. 조그마한 일탈도 용납되지 않았다. 나는 그때의 영향인지 지금도 어느 자리에서나 눈에 띄고 싶지 않은 마음이 남아 있다. 옷을 너무 잘 차려 입어서 시선을 받고 싶지 않을뿐더러 못 차려 입어서 시선을 받고 싶지도 않다. 그냥 전체와 잘 어울리는 사람이면 좋다.

  역시 모든 꽃이 장미일 필요는 없다. 제 빛깔에 맞는 개성을 살려 은근한 매력을 풍기면 되리라. 나에게 어울리는 품성을 가다듬어 장점으로 삼으면 된다. 어느 시대나 그 시대만의 이야기가 있게 마련이다. 이제는 어떻게 하면 더 튈 수 있는가를 경쟁하는 시대다. 말하자면 이제는 튀어야 살기가 쉬운 세상이 되었다.

5부

기다리면 온다

기다리면 온다 | 길 | 외로운 사람들 | 단감과 떫은 감
욕심의 대가 | 물들다 | 봄 마중 | 빛과 어둠 | 행복의 조건

기다리면 온다

 시내에 나가기 위해 버스를 기다리다가 포기하고 돌아서 오는데, 먼지를 날리며 버스가 지나간다. 어찌나 후회가 되는지. 이왕 기다렸으니 조금만 더 참아볼 걸. 시골마을을 돌아 나오느라 늦어질 수도 있는데 그걸 참지 못하고 돌아섰다. 계획하고 계산하고 시간을 재고 살았던 세월 속에서 무엇을 또 놓쳤을까. 들길을 걸으며 내내 생각에 잠긴다.
 비가 자주 내린다. 비가 내리기를 기다렸다가 씨를 뿌리고 모종을 한다. 봄비는 생명을 깨우는 비다. 텃밭에 상추씨를 뿌리고 오는 길에 마당의 대나무를 살펴보았다. 작년에 마당 귀퉁이에 오죽烏竹 몇 그루를 구해다 심었다. 심고 바로 겨울을 맞아 댓잎이 시들어버렸다. 날씨가 풀리고부터 자주 들여다보며 새순이 나오기를 기다렸다. 완연한 봄이 되도록 아무런 기미가 보이지 않아 뽑아 버릴까 하던 중이었다. 그런데 아주 작은 새 잎이 보였다.

 방송에서 우연히 대나무에 관련된 이야기를 듣게 되었다. 봄에 대나무는 모양이 좋지 않다. 새로 나오는 죽순에게 모든 영양을 집중하기 때문에 정작 제 모습은 수척하다. 그리고 보니 그랬다. 매운 겨울을 나느라 하얗게 바랜 댓잎들. 봄이 되어도 새잎이 나지 않아 답답했는데 그런 연유가 있다는 것을 알게 되었다. 새순에게 영양을 집중하느라 정작 잎갈이가 늦었다.

 그동안 뽑아버린 나무가 여럿이다. 급한 마음에 기다리지 못하고 파 보면 뿌리가 살아 있어 당황한 적도 있다. 한 번 팠다가 심으면 다시 자리잡기까지 훨씬 많은 시간이 필요하다. 가망이 없다고 판단해 파버린 나무는 어느 날 보면 던져진 자리에서 잎을 틔우고 살아 있기도 했다. 싹수를 몰라본 것을 후회해도 때는 이미 늦다.

 해마다 파고 심기를 반복하다가 삼 년 만인 올해 처음으로 꽃봉오리를 맺은 작약도 있다. 한 개의 연약한 봉오리를 보면서 미안한 마음이 인다. 기다렸더라면 무성하게 자라 여러 개의 꽃을 피웠을 텐데. 빨리 자라지 않는 이유가 궁금해 이리 파 보고 저리 파 보고 괴롭혔는데 다행히 자리를 잡았다. 꽃봉오리는 한 개이지만 잎은 무성하다. 이제는 제 몫을 할 만한 폼을 갖췄다.
　나무마다 화초마다 제각각 특성이 있다는 것을 깨달아 가고 있는 요즘이다. 한 날 한 시에 심은 씨앗도 싹이 나는 시기가 다르다. 자라는 속도도 다르다. 첫 해부터 꽃피고 열매 맺는 것이 있는가 하면, 기를 펴지 못하고 내년을 기약하는 것도 있다. 나무에 따라 이른 봄부터 잎을 피우기도 하고 죽은 듯이 섰다가 여름이 가까워서야 새순이 피기도 한다. 늦게 피는 잎도 일단 피고 나서는 빠르게 자란다. 한여름에는 어느 것도 처진 것 없이 무성하다. 이제는 파 보고 꺾어 보고 하는 시행착오를 덜 한다.
　급해서 문제다. 기다렸으면 버스를 탔을 텐데 조급해 하니 놓치고 말았다. 대나무가 새잎을 만드는 시간이 필요하듯 가슴에 꿈이 찰 시간이 필요하다. 끝까지 갔는데 아무것도 없으면 어쩌나, 기다렸는데 버스가 오지 않으면 어쩌나 조바심한다. 끝에 낭떠러지가 있더라도, 새잎을 틔우지 못하고 시들어 버리더라도 끝까지 가 보아야 한다. 기다리면 다음 버스라도 온다.
　우리의 삶에도 집중할 시간을 기다려야 한다. 쉬운 일이 없다는 것을 알게 한 대나무. 때가 되면 새잎이 돋는다. 버스는 천천히 시골마을을 돌아오고 있다. 기다리지 않으면 때를 만나지 못하고 만다. 잘라버린 가지들과 놓쳐버린 버스를 생각한다. 아직은 물기가 마르지 않은 가지들이 남아서 다행이다. 곧 잎이 돋아나리라. 다음 버스를 놓치지 않으리라.

길

 봄이다. 아파트 숲에도 봄나물이 돋아났다. 한구석에서 보얗게 먼지를 쓰고 돋아난 냉이와 쑥이 안쓰럽다. 아무리 봄나물이 반가워도 그것들을 뜯고 싶지는 않다. 오가다 보는 것만으로 위안 삼는다. 그것들은 아이들 자연공부에나 쓰일 수 있을 게다.
 봄마다 나물 뜯는 일을 그리워하다 기회가 생겼다. 이웃에서 쑥과 미나리가 많은 곳으로 안내했다. 도시 바깥으로 가는 길이 사방으로 나 있지만 막상 어디로 가야할지 엄두가 나지 않던 차에 무척 고마운 일이었다. 그이도 시골을 그리워하다 작은 땅뙈기를 장만하게 되면서 한적한 마을을 알게 되어 우리를 데리고 간 것이다.

국도를 벗어나 농로로 접어들었다. 안내하는 사람 없이는 가게 될 것 같지 않은 숨은 길이었다. 논과 밭을 지나 산자락으로 난 길은 제법 깊숙이 이어졌다. 한참을 들어가니 큰 둑이 보였다. 저수지였다. 낚시하는 사람들이 있었다. 산속에서 낚시라니 의아했다. 낚시라면 바다나 흐르는 내에서 하는 정도로만 알았다.

숨은 마을치고는 사람이 많았다. 조용한 곳을 바랐던 마음에 약간 김이 샜다. 어쩔 수 없이 저수지 둑을 따라 나물을 캐기 시작했다. 좁은 논둑이나 밭둑보다는 넓은 저수지 둑이 나물 캐기에는 알맞은 장소다. 앉아서 쑥과 미나리를 캐다 보니 의외로 먼지와 쓰레기가 많았다. 아파트 마당에 있는 것과 다를 바가 없었다. 녹슨 깡통과 비닐조각이 여기저기 널브러져 있었다.

둑에서 일어나 깨끗한 곳을 찾아 나섰다. 저수지로 물이 유입되는 곳으로 가보았다. 물길을 따라 끊어질 듯 조붓한 길이 이어졌다. 질척한 도랑을 따라 올라갔다. 한 번 일어서고 나니 미나리도 쑥도 보이지 않았다. 원래 작은 봄나물은 서서는 보이지 않는다. 산모퉁이를 도니 서너 채의 집이 있었다. 잎담배건조장 같은 것도 있었다. 논과 밭도 그 집들이 감당할 만큼이었다. 첫 번째 집에 가보았다.

노인이 혼자 마루에 앉아 쉬고 있었다. 대하는 것으로 보아 낯선 사람이 찾아드는 일이 더러 있는 듯했다. 언제 바구니를 보았는지 쑥은 둑에, 미나리는 논바닥에 많으며 그것들은 무공해라는 것까지 일러 주었다. 우리를 침입자로 보지 않는 것에 마음이 놓였다. 산 한 모퉁이를 돌았을 뿐인데 저수지 근처와는 다른 세상이었다.

 노인의 친절에 힘입어 마루에서 점심을 먹게 되었다. 노인께 김밥은 별식이려니 하는 마음에 펼치고 보니 이미 점심을 드신 후였다. 오렌지 두 개와 김밥을 그릇에 담아 부엌에 살그머니 놓았다. 그릇을 꺼내 오고, 수돗물을 틀고, 수다를 떠는 동안 노인의 눈길은 딴 데로 가 있었다. 마당이나 앞산의 나무들이나 논배미나 바라보는 듯했다. 우리의 행동을 묵인하는 눈빛이었다. 마음과 마음으로 조붓한 길이 이어지는 듯했다.

 점심을 먹고 노인의 집근처를 돌며 쑥을 캤다. 쑥이 말갛고 미나리는 윤이 났다. 마음이 흐르는 개울물처럼 맑고 깨끗해졌다. 밝은 햇살 때문만은 아니었다.

 봄이 가기 전에 그 길을 다시 가보았다. 활기찼다. 밭둑의 쑥은 더 많아졌다. 갈아엎은 논에는 물이 찰랑찰랑 채워져 있었다. 바짓가랑이를 무릎까지 걷어올린 노인의 얼굴은 지난번 보다 검게 탄 듯했다. 노인이 나를 알아보거나 반기는 기색은 없었다. 그렇다고 모르는 사람을 대하는 것 같지도 않았다. 그런데도 오래전부터 알아왔던 곳처럼 편안했다.

 우리는 길이 있어 오고간다. 큰 길보다는 작은 길이 마음을 편하게 한다. 조붓한 길은 제 앞길을 조용히 열어 보이며 어서 오라고 손짓한다. 풀꽃들이 눈짓하는 오솔길을 걷노라면 세속의 많은 것들을 잊게 된다. 이 봄, 마음과 마음을 이어서 편안함이라는 소통을 이루는 작은 길을 알게 되어 참 좋다.

외로운 사람들

한여름 해가 내리쬐는 오후였다. 좌회전 신호를 기다리며 대기 중이었다. 왕복 8차선 도로의 사거리라 교차로가 넓었다. 통행이 끊어져 잠시 덩그렇게 빈 한가운데에 노란 소형차 한 대가 서 있었다. 바퀴 한 개가 반쯤 빠진 채였다. 사방의 차 속에서 바라보는 눈들이 있었다.

차 옆에 사람이 있었고 차에서 막 나오는 아이도 있었다. 다섯 사람, 한 가족으로 보였다. 남자와 여자 그리고 어린아이 셋. 남자는 통화 중이었고, 여자는 젖먹이를 안고 있었다. 남자아이는 여자 치맛자락 뒤로 숨었다. 표정이 겁에 질린 듯했다.

또 한 아이는 막 걸음을 뗀 여자아이였다. 손수건만 한 치마를 입고 있었다. 손을 잡으려고 남자 곁으로 다가갔다. 치맛자락에 숨은 아이가 여자아이를 잡아당겼다. 여자는 아이들을 향해 무슨 말인가를 했다. 그래도 작은 아이는 뒤뚱거리며 잡아달라고 자꾸 손을 내밀었다. 남자는 아이를 잡아줄 손이 없었다. 한 손은 전화를 들었고, 한 손은 신호를 보내고 있었다.

 차들이 움직이기 시작했다. 신호대기 후에 출발하는 차들이라 속도를 낼 수 없어 천천히 지나갔다. 신호등이 지시하는 대로 가는 차들을 향해 남자는 가라는 손짓을 했다. 크고 작은 차들이 지나갔다. 앞차를 따라 지나갈 뿐이었다. 어떤 사람은 흘끔 차 밖을 내다보기도 했다.

 다시 다른 쪽 차선에 파란불이 켜졌다. 이번에는 이들을 피해 지나갔다. 남자가 그쪽으로 돌아섰다. 또 손을 들어 신호를 보내기 시작했다. 서 달라는 신호가 아니라 가라는 신호를 보냈다. 한 대, 두 대, 무심히 지나갔다. 검은 색을 띤 큰 차 한 대가 속도를 늦추었다. 상황을 파악했는지 비상등이 켜졌다. 그리고는 섰다. 다른 차들도 따라 섰다.

 그 틈에 가족들이 차도 바깥으로 벗어났다. 여자는 안전 석 위에 앉았다. 아이들은 도롯가에 서서 두고 온 차를 바라보았다. 남자는 아직도 어딘가로 통화 중이었다. 한 손으로 아이들을 단속하는 젊은 남자의 얼굴이 야무져보였다. 자기 가족의 안전을 위해 차량의 흐름을 끊지 못하는 겸손한 얼굴이었다.

교차로에 갇힌 가족들이 무사히 밖으로 탈출할 때부터 코끝이 시큰했다. 뭔지 모를 것이 가슴을 묵직하게 눌렀다. 좌회전이 시작되었을 때 레커차가 도착하고 있었다. 그제야 남자는 통화를 멈추었다. 가족들을 떼어놓고 남자가 다시 교차로 안으로 들어갔다. 엔진 아래 도로 바닥으로 가늘게 한 줄기 물이 흐르고 있었다. 눈물 같았다. 지나면서 본 그 눈물이 가슴에 와 박혔다.
비상등을 켜고 서 주었던 차. 머릿속에 번호를 새겨 넣었다. 어쩌겠다는 것은 아니었다. 잠시 멈추기만 해도 마음이 따뜻해진다는 사실을 알면서도 멈추지 못한 우리들. 왜 앉아서 보고만 있었을까. 사람들은 왜 무표정으로 바라만 보았을까. 무심한 채 머뭇머뭇 앞으로만 가는 우리들. 나를 위해서도 멈추지 못하고, 누군가를 위해서도 멈추지 못한다. 결국 바퀴가 빠져야만 멈추게 되는 것인지. 내 차라고 바퀴가 빠지지 말라는 법도 없지 않은가.
오직 앞으로만 가도록 된 것일까. 가며서며 세상 구경하며 가면 안 되는 것일까. 무에 그리 밀려만 가야 하나. 내 아픈 상처를 들여다보지도 못하고, 내 이웃의 눈물을 씻어주지도 못하고, 그렇게 앞으로만 간다고 더 이루는 것이 있을까. 오로지 내 앞에 주시가 급급하여 따뜻한 눈길 한 번 주지 못하고 사는 우리는 외로운 사람임에 틀림없다.
문득 노란 소형차 옆에서 어린아이를 끌어안고 허덕이는 내 모습이 뇌리에 와 앉는다. 덩그런 교차로 한가운데 내가 서 있다. 바퀴 빠진 차 옆에서 당황한다. 어린 새끼들을 보듬어 안고 두려움에 떤다. 아무도 손 내밀어 주지 않는다. 어느 차도 길을 터주지 않는다. 흘끔 쳐다보며 지나간다. 모두 제 갈 길로 무심히 갈 뿐이다. 온몸으로 외로움이 밀려온다.

뜨거운 여름 해를 받고 가고 있다. 그런데도 저릿저릿 오싹하다. 눈가에 눈물이 고인다.

단감과 떫은 감

    학교에서 돌아오면 어머니는 계시지 않았다. 뒷골 밭에 계실 어머니를 긴 소리로 불러 본다. 섬돌 위에 신발이 없으니 빈집이라는 것을 알면서도 허전한 마음을 달래기 위해 그냥 한 번 불러보는 것이다. 방문을 열어본다. 부엌으로 들어가 매달려 있는 보리쌀 바구니도 당겨본다. 선반의 떡 동구리도 들춰보고 마지막으로 솥뚜껑을 열어봐도 먹을 것이 없다. 어머니의 목소리를 들을 수 없고, 먹을 것도 없으니 허전하다.
    늘 그랬듯이 감나무 밑으로 간다. 감꽃이 필 때면 감꽃 목걸이를 만들어 목에 걸었고, 소꿉놀이를 할 때는 풋감을 따서 밥을 만들고, 감잎을 짓이겨 반찬을 만들며 놀았던 곳이다. 감이 채

익기도 전에 도사리감이라도 먹고 싶으면 이른 아침 눈을 비비며 찾던 곳이기도 하다. 어느 날은 친구가 나보다 먼저 떨어진 감을 주워가버리는 날도 있었다. 먹을 것이 귀하던 때라 학교에 가기 전에 아이들은 감을 주우러 다녔다. 가을이 되면 홍시가 있나 찾기 위해 목뼈가 아프도록 감나무를 올려다본다. 말갛게 투명해진 색깔로 봐서 홍시인 듯해 따 보면 아직 덜 익은 감이라 실망할 때도 있었다.

우리 집 감나무에는 단감과 떫은 감이 같이 열렸다. 이것이 이상하면서도 친구들에게는 자랑거리였다. 어른이 되어서 그 내력을 알게 되었지만, 아버지는 젊어서 두 가지인 감나무 중 한 가지에만 단감나무 접을 붙이셨다는 것이다. 그것을 바라보던 어머니가 두 가지 모두 단감나무 접을 권하자 빙긋이 웃기만 하셨단다. 그런 것도 모르고 나는 어느 정도 나이가 들도록 우리 집 감나무는 특이해서 두 종류의 감이 열린다고 자랑했다. 나무가 커서 두 줄기가 서로 뒤엉킨지라 그럴 만도 했다.

나는 단감과 떫은 감을 구별할 수가 없었다. 단감 하나를 먹기 위해 애먼 감을 수없이 따야 했다. 운이 좋은 날은 한두 번 만에 단감을 딸 수도 있었지만, 열 개를 따도 떫은 감만 걸려들어 힘이 빠질 때도 있다.

단감 따는 것을 포기하고 장독대로 가 항아리를 열면 도사리감이 있었다. 단감 맛에는 못 미치지만 나의 미각을 채워 주었다. 항아리마저 비었을 때는 풀숲을 헤쳐 홍시를 찾았다. 단감이려니 하여 땄다가 실망하고 내던진 것이었다. 던져버린 감이 며칠 지나면 홍시로 변해 있었다. 당장 마음에 들지 않는다고 던져버린 것을 후회하는 순간이었다.

살면서 마음에 들지 않는다고 던져버린 것들을 생각해 본다. 첫 맛이 달지 않았어도 우려 먹을 수도 있고 홍시를 만들어 먹을 수도 있었다. 그런데 그때는 우선 입에 달지 않으니 던져 버렸던 것이다. 이렇듯 처음부터 마음에 와 닿지 않는다고 외면해버린 사람도 더러는 있을 것이다.

맞선을 봤을 때의 일이다. 소위 말하는 좋은 조건을 갖췄다는 소개를 받고 나갔다. 듣던 대로 인물도 괜찮고 예의도 바른 사람으로 보였다. 물론 돈 걱정은 하지 않아도 된다고 했으니 의심할 여지가 없이 딱 마음에 들어야 했다. 그런데 그 사람의 양말에 눈이 갔다. 옷차림과는 대조적으로 하얀색 양말을 신고 있었다. 다방에 마주앉아 있는 내내 그 양말에 신경이 쓰였다. 짙은 색 옷차림에 하얀 양말이라니 떨떠름했다. 결국 그 흰 양말은 내 마음의 혀에 떫은맛으로 느껴졌다. 떫어서 던져버린 그 감은 지금 어느 풀숲에서 달콤하게 홍시가 되어 있을지도 모를 일이다.

그때는 어려서 단감을 바로 찾아낼 수 있는 눈이 없었다. 홍시가 되도록 보관하지도 못했다. 우려 먹으면 된다는 생각도 하지 못했다. 항아리에 넣고 뜨뜻미지근한 물을 부어 이불을 덮어두면 단감처럼 맛있는 감이 된다는 사실을 몰랐기에 단감만을 고집했던 것 같다.

지금 나는 많은 사람들과 잘 지내고 있다. 감나무에서 완전한 단감을 땄을 때처럼 처음부터 기분 좋게 했던 사람도 있다. 처음엔 맛이 없어 던져두었는데 어느새 달콤한 홍시가 되어 나를 반성하게 하는 사람도 있다. 우려낸 감처럼 떫은맛이 없어져 처음부터 단감이지 않았을까 싶도록 깊은 맛이 나는 소중한 친구도 있다.

문득 아버지의 얼굴이 떠오른다. 어머니의 권을 웃음으로 흘리시며 두 가지 중 한 가지에만 단감나무 접을 붙이신 아버지. 세상의 모든 것들이 함께 어우러져 살고 있음을, 그리고 그렇게 함께 어우러져야 함을 자식들에게 가르치려던 그 깊은 뜻을 미혹한 딸은 오늘에야 터득한다.

"새집 지었으니 감나무 한 주는 심어라."

지난번 찾아뵈었을 때에 하신 말씀이 생각난다. 분명 아버지는 두 종류의 감이 열리는 감나무 묘목을 해 놓으셨을 것이다. 내년 봄에는 모르는 체하고 아버지에게 감나무 한 주를 골라달라고 해야겠다.

사람들에게 나는 처음부터 단감이었을까. 단감이 아니었다면 지금은 잘 우려진 감 맛이라도 나는지 나 자신을 되돌아본다. 무슨 맛이 되었든 다른 이에게 부담 주는 맛만 아니었으면 하는 바람을 가져본다. 조금 더 욕심을 내 본다면 별나지 않고 누구에게나 호감을 주는 수수한 맛이었으면 좋겠다. 그리하여 단감과 떫은 감도 함께 안아 들이는 지혜가 있기를 소망하면서.

욕심의 대가

　야생화를 키우기 시작한 지도 어느덧 십여 년이 되었다. 산이나 들에서 꽃을 보면 한참씩 들여다볼 정도로 좋아하긴 해도 그것을 아파트에서 키울 생각은 미처 하지 못했다. 맨드라미, 달리아, 봉선화, 채송화 주로 그런 꽃들은 화단이 있어야만 키울 수 있다. 아파트에는 화단이 없으니 그냥 살았다.
　그런데 이사를 하고 집들이 때 화초 두 개가 선물로 들어왔다. 진백과 명자나무였다. 식목일에 아버지를 따라 화단 정리를 하고 꽃에 물을 주어본 적밖에 없던 나로서는 때맞춰 그것에 물주는 일이 쉽지는 않았다. 일요일이나 한 모금씩 얻어먹던 물을 남편의 출장으로 그것마저도 못 얻어먹게 되면서 어느새 말라 죽어버렸다.

　화분을 쓰레기통 옆에 내다놓았더니 남편이 퇴근길에 가져왔다. 그리고 이튿날 천리향과 장수매를 사 가지고 와서는 정성들여 심어주며 잘 키워 보란다. 그 뒤로 내가 하나를 죽이면 두 개를 사오고 그렇게 화분 숫자가 늘어났다. 수가 많다 보니 물을 말려서 죽이는 일이 차츰 없어졌다.

　그 무렵 남편이 난을 좋아하는 사람들을 따라 남도로 채집을 다녀오는 길에 야생화를 구해 왔다. 덩달아 야생화 파는 집을 알아 두었다며 데리고 갔다. 그곳에선 산이나 들에만 있어야 된다고 생각했던 할미꽃, 매발톱, 창포 그런 꽃들을 조그만 화분에 앙증맞게 심어서 팔고 있었다.

　구경만 하고 그냥 나오기가 뭐해서 딱 한 개만 사서 집으로 왔다. 밖으로 나가기만 하면 있는 것을 돈 주고 사긴 그렇고, 화분만 사다 놓고 들로 산으로 야생화 채집에 나섰다. 자연조건과 베란다 화분의 조건이 달라 실패가 많았다. 어느 시기에 가서는 무작정 가져와서는 화분에 적응이 되지 않는다는 것을 터득하게 되었다. 그때부터는 전문적으로 배양되어 대량으로 판매하는 것을 사서 키우게 되었다. 그렇게 수가 늘어났다.

　어느 정도 수가 되고는 씨받기와 포기 나누기를 통해 늘려 나갔다. 대개의 취미인들이 그렇듯 많은 종류와 귀한 것을 갖고 싶어 욕심을 과하게 부릴 때도 있었다. 귀하다는 것을 구해다 놓으면 잘 자라지 못하고 실패가 많았다. 적응을 했는가 싶다가도 죽어버리기도 했다. 결국엔 강한 것들만 여러 개를 키우는 쪽으로 방향을 잡았다. 그것들은 웬만해서는 죽지는 않았다.

그래도 어쩌다 한 번씩은 전문점을 찾아 새로운 것이 있나 살펴보곤 하였다. 교접을 통해 새로운 것이 생겨나고 배양법을 달리해 크기를 줄이는 등 계속 유행이 바뀌어 갔다. 무엇이든 욕심을 부리면 한이 없는 것이니 정보나 듣고 하는 정도였다. 어지간하면 사지는 말아야지 하는 마음을 먹고 가도 가끔 욕심나는 것이 있었다.

겹꿩의다리가 그랬다. 꽃 색깔과 모양이 도도할 정도였다. 값도 다른 것의 두세 배나 되었다. 그만큼 가치 있어 보였다. 그래도 처음엔 그냥 왔다. 얼마 지나 다시 그곳에 들렸는데 여러 개이던 것이 한 포기만 남아 있었다. 마지막 기회 같아 사려는데 주인이 키워 보려고 남긴 것이라 했다. 꼭 팔기를 원했더니 좋지 않은 낯빛을 했다.

조금 전과는 달리 차에 싣고 오면서 괜히 샀다는 맘이 들었다. 마지막 남은 것이라 상태도 좋지 않은데 제 값을 다 받은 주인이 얄미웠다. 다시 돌아가 반품을 할까 하다 그만한 가치가 있겠지 하고 그냥 집으로 왔다. 비싼 값을 치른 것이 더 잘 돌볼 이유가 되기도 하지만 겹꿩의다리는 그 아름다움만으로도 앞자리에 놓고 잘 대접할 만한 가치가 있었다.

그런데 볕이 뜨거운 어느 날, 아침 일찍 외출할 일이 있었다. 온실 문을 열어놓고 나가야 된다는 것을 염두에 두고 있었는데 어느새 출발해서 한참을 달려온 후에야 온실 생각이 났다. 볼일을 빨리 보고 들어가려 해도 일행이 있고 내가 운전하는 차도 아니니 자꾸만 늦어졌다.

오후에서야 집에 와 보니 온실 안이 뜨거운 열기와 습기로 가득 차 있었다. 꽃들이 모두 탈진 상태였다. 움직이지 못하는 생물들이 얼마나 숨이 막혔을까. 문을 열고 물을 뿌려 식혀주었지만 이미 살아날 수 없게 망가진 것들이 여러 개였다. 그 중에 새로 사온 겹핑의다리는 완전히 녹아버렸다.

화분에 가두고 또 온실에 가두어 혼자 보고 즐기려 했으니, 내 것이 아닌 것까지 갖고자 했으니, 반성의 마음이 꼬리에 꼬리를 물고 일어났다. 그동안 부린 욕심에 대한 값을 이렇게 치르는구나 싶으니 데친 나물이 되어버린 꽃들에게 한없이 미안했다.

물들다

 다시 태어났다. 물이 들어 걱정했는데 다행이다. 흔히 물이 들었다 하면 나쁜 쪽으로 생각하기가 쉽다. 나쁜 물이 들었건 좋은 물이 들었건 변화의 기회다. 이로 인해 인생의 방향이 달라질 수도 있다. 좋은 물이 들어 삶의 질을 높일 수 있다면 다행이지만, 나쁜 물이 들었을 때도 방향을 전환할 수 있는 기회는 있다.
 물이 든 덕분에 다시 태어난 먹색치마가 한 줄기 바람처럼 시원하다. 무더위에 처진 기분을 반짝 바꿔 놓는다. 먹색이 이렇게 편안한 색인 줄 미처 몰랐다. 하늘색과 어울린 치마가 단순히 무채색으로만 보이지 않는다.
 연분홍 무명치마에 파란물이 배였다. 세탁기에 같이 들어갔던 옷들도 변했다. 따뜻한 물로 세탁이 되었나 싶어 속을 들여다보아도 알 수가 없다. 이럴 줄 알았으면 따로 손빨래를 할 걸. 수돗가로 가져가 비누칠해서 비벼도 빠지지 않는다. 센 순서로 여러 가지 세제를 동원해도 소용없다. 한 시간 전을 돌이킬 수 없다니.

 하도 비벼서 후줄근해진 치마를 건조대에 걸어놓고 서성거렸다. 다른 일이 손에 잡히지 않는다. 하필이면 그 옆에 있었냐고 치마 탓을 해 본다. 물을 들여 놓았을 놈은 파란색 티셔츠다. 말은 없지만 분명히 그래 보인다. 다른 옷들은 아까운 것이 없는데 무명치마는 특별히 아깝다. 직접 만든 옷이라 그렇다.

 시원하라고 파란색을 나누어 주었는지 같이 나온 옷들이 모두 파르스름하다. 낡은 속옷과 수건들은 차라리 산뜻해 보인다. 모든 옷들이 그 정도였다면 고마운 일이겠지만 소재에 따라 물든 정도가 다르니 문제다. 같은 시간 같은 장소에 있었는데도 뻣뻣한 진의 짙은 색 바지는 끄떡없다. 이미 제 색으로 무장하고 있어 쉽게 물들지 않았다. 그런데 치마는 무명에다 옅은 색으로 바로 옆에 붙어 있었던 듯 짙게 배였다. 같은 소재라도 가공된 상태에 따라 받아들이는 정도도 달랐다.

 아이의 고등학교 입학식 날이었다. 강당을 가득 메운 노란 머리들 때문에 놀라웠고 한편 마음이 놓이기도 했던 기억이 난다. 아이가 중학교를 졸업할 무렵 규율이 느슨해진 틈을 타 머리에 물을 들이려고 했다. 절대 들여 줄 수 없다는 의지의 웅변을 누그러뜨리며 아이와 타협했다. 졸업 후에 물을 들여 고등학교 입학 전에 빼는 것으로 약속하고 미용실에 데려갔다. 유행에 물든 아이를 차라리 깊숙이 밀어넣어 정면 돌파를 하려고 했다고나 할까.

같이 다니는 친구가 나쁜 물을 들여놓았을 거라는 생각에서 떼어 놓으려는 구실을 찾기도 했다. 지나고 보니 누가 누구에게 물들여 놓은 것이 아니라, 세탁기의 한 통에 들어 있었기에 같은 색을 띠지 않으면 아니되었던 세탁물처럼 같은 시대의 굴레에서 갖게 되는 공감의 의식이었던 거다. 마음에 여유가 생긴 지금은 평범하게만 하고 다니는 아이에게 유행에 맞게 좀 해 보면 어떠냐고 슬쩍 떠본다. 심드렁해 하는 아이는 한때 물이 들었던 덕분에 알맞은 색으로 다시 태어난 것이다.

티셔츠를 탓할 것 없이 이참에 무명에는 제격인 먹색으로 염색을 해보기로 했다. 염색방법이 적힌 책을 찾아 들고, 서예 할 때 썼던 먹과 벼루를 꺼내 왔다. 먹을 갈아 식초와 명반을 넣고 치마를 담갔다. 네댓 번 하면 좋다고 했는데 오늘 세 번째 했더니 색이 참 예쁘게 들었다. 들었던 물은 빠지게 되어 있으니 처음에 진하게 들여야 된다는 뜻이다. 하지만 이 정도로도 마음에 든다. 먹색은 대중적으로 많이 쓰이는 색이다.

오채라고 하는 다섯 가지 아름다운 채색을 대신할 수 있는 색이 먹의 색이다. 먹색은 한 가지 색이 아니다. 그 속엔 모든 색이 다 들어 있다. 그래서 먹의 농담만으로 표현한 수묵화가 아름답다.

아이가 일찍이 머리에 물들여 본 것은 색에 물든다는 것의 의미를 터득한 것은 아닐까. 그러기에 지금은 여러 색의 유혹 앞에 흔들리지 않고, 제 모습을 유지하는 것이리라. 아이의 원만한 생활 속에는 세상의 것들을 아우르는 지혜가 이미 있음이다.

먹색 치마는 여러 색과 두루 잘 어울리고 다른 색을 드러나게 도와준다. 때가 묻어도 눈에 잘 띄지 않는다. 모난 마음도 때 묻은 마음도 감싸안는 색, 먹색에 물든다면 좀더 조화로운 세상을 만들 수 있겠다. 건조대에서 펄럭이는 알맞게 물든 먹색치마를 바라본다.

봄 마중

 봄을 찾아 떠났다. 뭔가를 기다린다는 것은 행복한 일이다. 기다리는 마음은 희망으로 가득 차 있다. 특히 봄을 기다리는 마음은 설렌다. 봄이 오고 있다는 느낌만으로 참을 수가 없다. 추상적인 것이 아니라 직접 오감으로 확인하고 싶다. 그래서 해마다 봄을 찾아 떠난다.
 자주 만나는 선배 내외와 산행을 겸한 드라이브를 하게 되었다. 아직 본격적인 봄을 느끼기엔 이른 때라 조용하다. 작은 움직임이라도 찾기 위해 들판으로 산으로 시선을 쫓았다. 산수유 꽃이 노란 입술을 내밀었고, 무덤가에 할미꽃도 피어 있다. 그런데 언제나 푸른 잎을 자랑하며 군자의 모습을 잃지 않고 씩씩해야 될 대나무가 누런 잎을 매달고 있지 않은가. 대가 말라 죽으면 나라에 큰일이 생길 징조라는 말을 들었다. 제법 긴 시간 동안 차를 타고 다녔는데 마을 어귀 산기슭 모다기모다기 대나무 숲 어디에나 그랬다.

  선배는 사람들이 모두 먹고살기 힘들다고 아우성이니 나라에 큰일이 날 징조라고 했다. 나는 올 겨울이 유난히 추웠으니 기온 변화와 환경오염이 원인일 것이라 했다.

  산행을 하면서 나라 걱정하는 토론은 본격적으로 시작되었다. 요즘 나라가 진보와 보수, 개혁과 반개혁으로 갈라져 있어 걱정이라는 등 제법 거창한 말들이 오갔다. 나는 진보다 너는 왜 보수냐 따지기도 하고, 개혁을 해야 나라경제가 잘 된다 조금씩 변화가 있어야 된다. 우리는 모두 정치와 경제가 잘 되는 방법에 대하여 목소리를 높였다.

  정쟁과 물욕으로 얼룩진 정치인들을 잘랐다 붙였다 결론이 나지 않았다. 마음 둘 곳이 없어 민심이 방황하니 어느 것도 우리의 희망이 되지 못한다는 데 이르렀다. 그렇다고 깨끗한 우리가 정치에 입문할 수도 없으니 어려운 나라살림살이 속에 가정이라도 든든히 지켜야겠다는 마음을 다지고 하산을 했다.

  밥하고 빨래하고 아이들 남편 학교 회사 보내고 이것저것 할 일도 많은데 나라걱정까지 해야 하다니 오지랖이 넓다. 길거리에서 아이스크림 껍질을 버리는 학생을 불러 세워 줍게 하고,

동네 어디에서든 도움이 필요한 일이 있으면 그냥 지나치지 못하는 나를 보고 같이 가던 아이가 엄마는 남의 일에 왜 그리 관심이 많으냐며 오지랖이 넓다고 타박을 했었다.

앞에 가던 차의 운전석 쪽 창문이 열려 있고 연기가 몇 차례 솔솔 나오는가 싶더니 창밖으로 담배꽁초가 휙 날아오른다. 다시 가슴이 답답했다. 저런 사람들을 어떻게 의식을 바꾸어 줄 수 있을까 한참을 생각해 보았다. 내 힘이 미치지 못하니 어쩌랴. 다시 수다 속으로 묻히고 말았다. 오지랖 넓게도 매일 나라 걱정하고 잊어버리고 그렇게 산다.

나라 걱정은 접어 두기로 하고 봄 마중은 남도로 가야 제격이니 하동으로 가자는 데 의견이 모아졌다. 매화 구경을 갔다가 고생한 것을 생각해 올해는 벚꽃을 보러 가기로 했다. 화창한 날씨 속에 남도로 향한 우리들의 마음은 들떠 있었다. 만개한 벚꽃터널을 지날 때는 탄성이 절로 나왔다. 몸과 마음이 꽃길 위에 떠 있었다. 왼쪽으로 섬진강을 끼고 차들이 줄을 서서 천천히 움직이고 있었지만 어느 누구도 재촉하지 않았다. 흐르는 강물을 따라 이어진 꽃길도 아름다웠지만, 멋을 더해 주는 것은 다름 아닌 푸른 대나무 숲이었다. 지리산기슭 섬진강기슭 군데군데 대나무 숲이 청청했다.

대나무 잎이 말랐다고 나라 걱정을 하고 있을 때 남편이 신문 기사를 복사해 주며 자연현상일 뿐이니 당신이 걱정 안 해도 된다고 했었다. 기사에는 지난겨울의 혹한과 폭설이 주원인이며 댓잎이 푸름을 되찾는 데 이삼 년이 걸릴 것이라 했다. 그리고 따뜻한 남도 지방 양지바른 곳은 푸름을 간직하고 있다고 하더니, 그것을 내 눈으로 확인하게 됐다.

　살면서 나라 걱정하는 거 나뿐이지 않은가 보다. 나라에 변고가 일어날 징조라며 걱정하는 사람들을 안심시키기 위해 전문가의 진단을 싣고 근거 없는 괴담이 확산되고 있는 것을 막았으니 말이다. 뿌리까지 죽은 것은 아니니, 잘 관리하면 회복이 된다니 희망의 불씨가 꺼진 것은 아니다.

　흐드러진 꽃 속에서 정신을 찾아 집으로 돌아오고 있었다. 아파트 입구 길가에서였다. 까까머리 중학생이 안전하게 횡단보도를 건너면서, 서행하고 있는 승용차를 향해 꾸벅 절을 한다. 진한 선-팅으로 차 안의 사람은 보이지 않았다. 그 모습이 예뻐 걸음을 멈추었다. 푸른 대숲도 확인했고 예의바른 학생도 만났으니, 오늘은 나라 걱정일랑 접어두고 맛있는 반찬이나 만들어야겠다. 봄 마중까지 다녀왔으니 말이다.

빛과 어둠

　시선이 닿으면 잠시 마음을 밝혀 주라고 빛이 들지 않는 화장실 구석에 꽃을 꽂아 둔다. 가녀린 들꽃이었다가 꽃집에서 파는 화려한 장미로 바뀔 때도 있다. 어떤 것이든 빛이 없고 바람이 통하지 않으니 며칠 만에 색이 바래고 시들어 버리기 일쑤다. 그렇다고 생명이 없는 마른 꽃이나 나일론 꽃으로는 소정의 목적을 달성할 수가 없다. 자주 바꿔 꽂는 번거로움을 줄일 방법을 찾게 되었다. 파릇한 생명력을 지닌 화초를 두면 좋겠다는 생각이 들어 가까운 화원으로 갔다.
　플라스틱 화분에 심긴 오색 마삭을 샀다. 아래쪽 잎은 푸른색이고, 끝 쪽에 여러 가지 색의 잎이 나 있다. 언뜻 보면 꽃 같기도 하다. 화분에서 뽑아 흙을 털어내고 뿌리를 씻었다. 병에 물을 담고 꽃 대신 꽂았다. 서너 군데로 나누어 두니 촛불을 밝힌 듯 마음이 따스하다. 꽃은 꽃대로 보기 좋지만 푸른 잎도 그에 못지않게 싱그러움을 준다. 당분간 손길이 미치지 않아도 저 혼자 구석을 밝히고 있을 것이다.

볼일을 볼 때나 샤워를 할 때 잠깐잠깐 눈길 닿는 곳에 화초가 있으니 생기가 흘렀다. 요 며칠 소설에 빠진 나는 그것을 잊고 있었다. 소설 읽기가 끝난 날, 화초에 눈길이 갔다. 그런데 이상하다. 뿌리를 자르지 않았다고 너무 믿은 탓인가. 색이 옅어진 것도 같고 힘이 없어 보였다. 사람이나 식물이나 희망이 없으면 생기가 없는 법. 어두운 곳에서 볕뉘도 받지 못하니 살 희망을 잃은 듯했다.

쨍 해가 난 날, 아침 볕에 내놓기 위해 들고 나오는데 잎이 오소소 떨어졌다. 살기 위한 마지막 몸부림이다. 사는 데까지 두었다 버리겠다는 생각만 했지 생명에 대하여는 미처 생각하지 못했다. 살려고 뿌리를 내리고 있는 식물에서 흙을 털어낸 것이 미안했다. 뿌리째 물에 담았으니 꺾어서 꽂은 꽃보다는 오래 갈 것이란 것만 믿었다.

아프리카의 어느 부족은 쓸모없게 된 나무를 톱으로 잘라버리는 대신 사람들이 모여 그 나무를 향해 크게 소리를 지른다고 한다.

"너는 살 가치가 없어!"
"나는 널 사랑하지 않아!"
"너는 왜 그렇게 사니!"
"차라리 죽어버려!"

나무가 들으면 가슴 아파할 만한 말을 계속하면 정말 나무가 시들시들 말라 죽어 버린다는 것이다. 죽어버리라고 외치지는 않았지만 얼마 동안만 살아 있어 주기를 바란다는 것은 죽어도 좋다는 뜻이다. 화초가 내 마음을 알았는지 너무 빨리 시들었다.

시든 화초를 밖에 내다놓고 들여다보고 있자니, 눈이 부시고 목이 마를 것 같았다. 시들어가는 화초가 가련하게 느껴졌다. 그게 왜 이제 보이는지. 구석에 어느 정도 역할을 하다 죽어도 좋다는 처음 생각과는 다른 마음이었다. 다시 그늘로 옮겨 놓았다. 바람결이 좋은 곳에 며칠 두었다 점점 볕살이 도타운 쪽으로 옮겨 다니기를 여러 날. 듬성듬성 잎 떨어진 줄기 끝에서 새 잎이 텄다. 죽어도 좋다고 했을 때와 제발 살아나라고 정성들이는 차이는 컸다. 남은 잎에도 윤기가 돌기 시작했다. 새로 나온 잎은 참새 혓바닥만 해졌다.

어두운 곳에서 긍정적 생각을 이끌어내는 역할을 하라고 둔 것이다. 사람의 생각과 말이 긍정적이어야 되는 것처럼 모든 생명체가 빛을 향한다는 사실을 잊고 있었다. 삶에서 최악을 설정해 놓고 살지 않듯이 이 조그만 식물은 죽어도 좋다는 설정을 해 놓고 있었으니 어찌 잘 살 수 있었겠는가.

볕뉘가 필요한 여린 화초를 어찌하면 좋을까. 수돗가 맷돌 위에 얹어둔 화초를 다시 어둔 구석으로 가져다 놓을까 제 본성대로 빛을 받으며 살게 둘까 눈에 보일 때마다 갈등하게 되었다. 그러는 사이 참새 꼬랑지만 해진 잎은 색이 생겨 본래의 꽃 같은 모습을 찾아가고 있다. 이 또한 살기 위한 몸부림 같다. 보는 이의 가슴에 따스함을 전하고도 남을 만한 자태다. 파릇한 생명력을 지녀서 빛과 어둠 사이에서 수난을 겪어야 된다면 슬픈 일이다.

외롭고 쓸쓸한 영혼에 불을 지피는 것은 작은 것들이다. 여유로우면 외롭다 하고, 평화로우면 쓸쓸하다 한다. 밝은 곳이 있으면 어두운 곳이 있기 마련인 것을.

인간은 누구나 가슴 한구석 허전함을 안고 살아간다. 다 채우기를 갈망하는 것은 욕심이다. 빛이 들지 않는 구석은 오늘도 허전한 채로 있다.

행복의 조건

　팔 끝에 손을 갖고 있음을 기억하라. 두 개의 손을 갖고 있는 이유는 한 손은 나 자신을 돕기 위해 그리고 나머지 한 손은 다른 사람을 돕기 위해서다. 돕고자 할 때는 기쁜 마음과 겸손한 태도, 그리고 공손한 언어로 대해야 되는 것은 기본이다. 물론 상대방의 입장을 존중하고 이해해야 하겠지만.
　명랑하고 따뜻한 협동정신을 북돋아 인류공영에 이바지할 때다. 학교에 가자 바로 최대의 외우기 과제 '국민교육헌장' 의 한 대목이다. 이 덕분인지, 부모님이 길러준 성격인지, 타고난 본성인지 아무튼 남을 돕고자 하는 마음은 어릴 때부터 강했던 것 같다. 특별히 계획에 의한 봉사활동 같은 것은 아니다. 주로 주변에서 일어나는 자질구레한 것들이다. 순전히 주관적 판단에 의한 일이라 예상 밖의 일이 일어날 때도 종종 있었다. 인류공영에 이바지는커녕 해를 끼친 것은 아닌지 모르겠다.

물동이에 물을 길어 골목길로 접어들고 있을 때였다. 땀을 뻘뻘 흘리며 리어카를 끌고 가는 엿장수가 보였다. 반가운 마음에 얼른 따라 붙었다. 순간 집 구석구석을 머릿속으로 훑어 봤지만 고물은 이미 바닥이 나고 없었다. 물동이의 테까지도 빼서 엿을 바꿔 먹을 정도였으니 더 이상의 고물이 있을 리가 없다.

엄마가 장에 갈 때 신는 하얀 고무신이 머릿속을 스쳤는데 그것은 안 되는 일이었다. 어찌 되었건 우리 동네에 엿장수가 왔다는 것만 해도 입에 침이 고이는 일이다. 동네에 오래 머물게 되면 결국 한 조각 정도의 엿이 생길 수도 있으니 희망은 있다.

혹시 가버리면 어쩌지. 한 조각의 엿이 생길 수 있는 기회가 사라진다. 그렇다면 아저씨를 도와 동네 가운데로 들어서게 해야 했다. 한 손은 머리 위의 물동이를 잡고 한 손은 리어카를 밀게 되었다. 오지랖이 넓게도 물동이만도 벅찬 주제에 엿장수를 돕겠다고 나섰으니 무리였던 것일까. 중간쯤까지 갔을 때의 일이다. 한 번에 골목에 오르기가 무리였던지 갑자기 아저씨가 리어카를 세운 것이다.

순간 관성의 법칙에 의하여 물동이와 같이 엿판 위로 꼬꾸라지고 말았다. 그 다음은 어떻게 되었는지 기억도 안 난다. 다만

문고리를 걸어 잠그고 해가 지고 엄마가 돌아와서 부를 때까지 방구석에서 벌벌 떨었던 것만은 잊을 수가 없다.

물 범벅이 된 엿을 보고 아저씨가 얼마나 당황했을까. 어떤 모습으로 집으로 돌아갔을까. 우리 부모님께 엿 값을 물어 갔을 수도 있었을 텐데 그 뒤로 아무 일도 일어나지 않았다. 한동안 가위 소리만 나면 숨어야 했던 신세였지만 남을 돕고자 하는 마음은 식을 줄 몰랐다.

한 번은 옆집할머니의 손가락에 피를 내고 말았던 적도 있었다. 할머니께 필요한 손수건을 쥐어드리면서 긴 손톱이 눈에 들어왔다. 그걸 보고 그냥 넘어 가지를 못하였다. 손톱을 깨끗이 깎아 드린 다는 게 그만 살점까지 잘라 버린 것이다. 할머니는 아프지 않다며 웃으셨는데 죄송하기만 했다. 그 죄로 할머니의 손톱관리에 덧붙여 머리 감아 드리기까지 추가 됐었다.

남을 돕다 보면 자기 자신의 균형 잡힌 시각을 확보하는 데 도움이 된다고 한다. 약간이라도 도움을 베풀려고 노력하면서 우리는 마음을 활짝 열게 되고 감사하는 마음을 쌓아가게 된다. 그야말로 사소한 것에 지나지 않은 것들이 모여서 엄청난 일로 바뀌질 수 있다는 사실이다. 인간은 이 세상에서 위대한 일을 할 수 없지만 그저 작은 일을 큰 사랑으로 할 뿐이라고 한다. 정력적인 운동이 뇌의 엔도르핀을 나오게 하여 육체적으로 기분 좋게 느끼게 만드는 것과 마찬가지로, 사랑스럽고 친절한 행위는 정서적으로 엔도르핀과 똑같은 것을 내놓는다.

슈퍼맨들이 나타나 수해 현장에서 애타게 손짓하는 주민들을 건져냈다고 한다. 답례마저 뿌리친 채 훌훌 떠났다고 하니, 선의를 베푼 뒤 어떤 대가도 바라지 않는 순수한 마음 그 기분 자체가 충분한 보상이 되었을 것이다. 하늘을 날지도 못하고 멋진 망토도 걸치지 않은 슈퍼맨이었다니 영화 속 이야기는 아니다.

누군가에게 맛있는 음식을 나눠 주었을 때, 쓰레기를 주웠을 때, 친절하게 길을 안내했을 때 다른 사람에게 무엇인가 작은 일이라도 베풀 때, 나 자신이 선하다고 느끼는 자체가 행복이다. 이 세상에서 중요한 때는 지금이고 필요한 사람은 지금 내가 만나는 사람이고 중요한 일은 바로 내 옆에 있는 사람에게 선을 행하는 일. 그것이야말로 삶이 더욱 풍부해지고 내가 행복해지는 조건이다.

■ 평설

대립과 화해의 그림자 찾기
―이옥순의 ≪단감과 떫은 감≫의 경우

강 돈 묵
(문학박사·거제대 교수)

1. 들어가면서

　수필은 작가의 삶이 겉으로 노정되는 문학이다. 작가가 어떠한 삶을 꾸려 왔는지가 그 어느 문학 장르보다도 여실히 드러난다. 그것은 수필의 태생적 특성에서 비롯된다. 수필은 비전환적 표현을 표방하기 때문에 더욱 그렇다. 물론 비전환적 표현을 추구해도 상상의 수단에까지 족쇄를 채운 것은 아니다. 이런 수필의 특성 때문에 한 작가의 작품세계를 살펴보면 작가가 저절로 드러난다.
　작가 이옥순의 경우에 있어서도 예외일 수 없다. 작가가 삶을 꾸려오면서 어떠한 분야에 관심을 가지고 있었으며, 또 삶에서 가장 가치를 부여하는 것이 무엇인지 명료하게 드러난다. 그래서 글은 작가 자신의 얼굴이다. 같은 소재를 가지고 수필을 써도 작가에 따라 확연히 다른 작품세계가 형성되는 것은 이런 까닭에 당연한 것이다.

결국 문학이 인간의 삶을 표현한다는 궁극적인 면과도 연결된다. 아무리 자연 속의 미물을 선택해서 글을 쓴다 해도 결국은 사람의 이야기다. 소재가 가지고 있는 특성을 가지고 그 본질을 찾아 그것을 작가의 삶을 토대로 해석해낸다. 이렇게 해석해낸 바를 작가는 구체적으로 형상화하는 데에 정열을 쏟는다. 이러한 과정이 동원되지 않은 글은 생명력을 획득하기 어렵다.

소재에 대한 해석은 상상적 체험이 없이는 불가능하다. 일반인들이 바라보는 수준의 것이라면 몰라도 작가만의 독특한 해석을 갖기 위해서는 반드시 상상적 체험이 필요하다. 그 세계는 작가만의 것이기에 다른 사람이 감히 흉내내지 못하는 것이 될 수도 있다. 또 그래야만 한다. 참신성을 유지하려면 작가는 기존의 해석이 아닌 독특한 자기만의 것을 찾아야 한다. 그래야 작품은 성공할 수 있다.

지적 구성력도 한몫한다. 어떠한 소재를 현재 있는 위치에 그대로 놓고만 볼 일은 아니다. 이것을 작가의 능력으로 뒤집어도 보고, 뉘어도 보고, 엎어 놓고 보기도 해야 한다. 그래야 새로운 모습이 보일 수 있다. 어찌 보면 작가는 괴팍스러운 사람이 되어야 하는지도 모를 일이다. 남들이 전혀 생각지도 못한 것을 끄집어내고, 소재가 귀찮을 정도로 들볶아야 한다. 그런 방법이 보다 신선하고 진실한 결과를 얻을 수 있다면 당연히 그래야 한다.

작가 이옥순의 경우는 소재 선택에서부터 특이하다. 세상의 많은 물상 중에서 대립적 구조로 맞서 있는 것을 찾아 나선다. 그것은 한 인간의 삶에서 최선을 다하고자 하는 몸부림이기도 하다. 어느 한쪽을 선택해야 할 운명이라면 최선이 되기를 갈망하는 것은 인지상정이다. 이렇게 최선의 길을 가는 데에는 어떤 가치 기준에 의해 그 선택이 이루어진다. 작가 이옥순의 경우에 있어서는 반드시 '마음먹기'에 따라 엄청난 차이를 획득함을 기저에 깔고 있다. 이 기준에 철저하게 의존하면서 자신의 세계를 구축해가고 있는 작가가 이옥순이다.

흔히 자신의 의중을 감추고 내색함이 없이 이야기하여 뒤늦게 알아차린 독자가 무릎을 치는 경우도 있는데, 작가 이옥순은 전혀 그런 면도 없다. 솔직하고 조급하다. 처음부터 감춤 없이 평이한 톤으로 이야기를 끌고 간다. 전혀 계산적인 구성을 하는 바도 없고, 자신이 생각한 바를 비비 꼬아서 독자를 애먹이는 것도 없다.

그 단적인 모습이 제목이다. 수필에서 글의 제목이 갖는 비중은 상당히 크다. 이옥순은 자신의 글제를 정함에 있어서 숨겨놓고 너스레를 떠는 법이 없다. 늘 가슴에 담고 있었던 바를 그냥 기술해낸다. 그러다 보니, 제목에 상반된 개념을 담은 경우가 많다. 작가가 늘 관심 있게 선택하던 두 상반된 개념 안에서의 길을 그대로 독자 앞에 내보이고 있는 것이다. 〈사각과 원〉, 〈편리와 불편의 경계선〉, 〈안과 밖〉, 〈발효와 부패〉, 〈겉과 속〉, 〈단감과 떫은 감〉, 〈빛과 어둠〉 등등. 작가는 제목에서부터 상반된 세계를 독자에게 자신 있게 제시한다. 독자는 제목만 보아도 무엇과 무엇의 제시인가를 쉽게 알아차릴 수 있다. 그러나 그 귀결은 하나의 가치 기준에 의해 결정된다. 언제나 작가의 마음먹기에 따라 현격한 차이를 가지고 나타난다.

그러면 작가 이옥순에 있어서 이 같은 대립과 화해가 어떻게 이루어지고 있는지 남겨진 그림자를 찾아 나서 보자.

2. 대립과 화해의 그림자 찾기

대립된 두 세계를 제시하고 그것의 의미를 서로 견주면서 형상화해낸다는 것은 아주 안이한 방법일 수 있다. 하지만 그 해석이 남다르게 독자성을 함유하고 있다면 나름 가치 있는 일이다. 또 그러한 두 대립 개념이 일상의 현장에서 발굴해낸 것이라면 작가의 삶을 표출하는 데에 지대한 공헌을 하게 된다. 더구나 수필이 작가의 삶을 표현한다는 점에서 볼 때 이러한 방법의 선택은 지극히 당연한 것이다. 대부분 이옥순의 작품세계는 이러한 대립 개념 속에서의 최선의 선택을 모색하는 것으로 되어 있다.

> 방송을 보면서 미래의 일이라 묻어 두었던 전원생활에 대한 생각을 구체화시켜 나갔다. 힘들게 확보한 도시 속의 공간을 포기하기란 쉽지 않았다. 아이들 교육문제가 해결되는 때에 맞추어 실천에 옮기기로 했다. 아파트 평수를 줄이고 땅을 찾아다녔다. 전원주택을 짓고 살려면 맑은 공기를 마시고 오염이 덜 된 지하수를 마시고 도시의 소음에서 벗어날 수 있는 조건이라야 된다.
> 사각공간에 쌓은 삶을 이제는 전원에 옮겨 담고 싶다. 느리게 살다보면 흙, 풀, 나무, 바람, 구름 하늘처럼 둥글어질 것이다. 네모난 개인 공간을 확보하기 위해, 직선의 길로 내달리던 것을 멈추고, 곡식이 자라 먹을거리가 되고 배설을 하고 그 배설은 다시 땅으로 돌아가는 생태 순환계 속으로 가고 싶다.
> － 〈사각과 원〉에서

시골에서 태어난 작가는 들판에서 소먹이를 하다가도 도회지를 그리워한다. 하늘에 비행기가 흰 줄을 긋고 지나도 그 끄트머리에는 도회지가 있고, 뭉게구름 떠가는 사이로 언뜻언뜻 도회지에 대한 그리움은 살아난다. 이처럼 도회지에 대한 그리움은 언제나 작가에게서 떠나지 않는다.

결혼하여 도시에 나와서도 남들이 시골뜨기로 보지 않음이 싫지 않다. 이렇게 도시에서 사는 자신이 현대인으로 성공한 삶이라 인식한다. 흙 하나 보이지 않는 고층 아파트의 네모난 부엌에서 깨끗하게 씻긴 파를 썰고 치즈를 자르면서 자신은 선과 사각형의 공간에 아귀가 딱딱 맞는 사람이라고 자부한다.

그러나 인간은 자신이 현재 처한 상황에 만족하지 못하고 늘 다른 세계에 대한 갈망을 안고 사는 존재인 것이다. 물에 있을 때에는 뭍의 생동감이 그립고, 뭍에 있을 때는 물속의 안온함이 그리운 것이다. 이것은 인간들에게 더 나은 세계로의 발전의 원동력이 되기도 했다. 작가 역시 최단을 추구하는 도시의 직선도로를 질주해 가는 사람들 속에서 안주하는 듯하나, 이내 갈등에 쌓인다. 질주해 가던 사람들이 장애를 만나 두부처럼 무참히 잘라지는 모습이 눈에 들어오기 시작한다. 앞만 바라보고 달리던 사람들이 좌절하는 모습도 목격했음이라.

여기서 '사각'은 오로지 최단만을 추구하는 도회지의 삶을 상징하고, '원'은 느리더라도 자연의 순환에 따라 사는 전원의 삶을 상징한다. 결국 인간은 자신이 처한 현재의 상황에서 벗어나 다른 세계를 갈망하지만, 종국에는 제 배설물이 자연의 순환을 돕는 흙 속의 삶을 선택하게 됨을 강조하고 있다. 질주로 야기된 소음과 혼미함에서 빠져나와 심성대로 살고자 하는 삶을 갈망하게 되는 것이다.

무엇인가 없어지면 새로운 것이 생긴다. 걷기에 좋았던 흙길이 차 다니기 좋게 포장되었다. 익숙했던 물소리 새소리 솔바람소리를 들을 수 없게 되고, 비켜서라는 차 소리 자전거 소리만 요란하다. 고갯마루에 올라서서 땀을 닦으며 집을 내려다보는 편안한 기분을 어디에서도 느낄 수 없게 되었다. 차나 자전거를 타고 지나가는 사람들은 이런 나의 심정은 아랑곳하지 않는 눈치다. ……〈중략〉……먼 길을 돌아다니던 사람들에겐 편리를 주지만 살던 집이 도로 밑에 들어가 버린 나는 불편하기만 하다.……〈중략〉…… 핸드폰이 없고, 차가 없고, 집앞으로 난 고속도로가 없다면 불가능한 일이었다. 저것들이 왜 생겨서 나를 이토록 불편하게 하나 했던 게 엊그제 같은데, 핸드폰도 차도 도로도 이제는 편리함을 위해 일상생활에서 없어서는 안 되는 존재가 되었다. 편리와 불편의 경계도 사람의 마음에 따라 수시로 변하는가 보다.

― 〈편리와 불편의 경계선〉에서

　세상의 모든 이치는 한쪽이 좋으면 반드시 그 반대쪽에서는 그렇지 않음이 나타난다. 양지가 있으면 음지가 있는 이치와 너무도 흡사하다. 고속도로가 뚫렸다고 좋아하는 쪽이 있는가 하면 그로 인해 안타까운 사람이 있다. 포장된 도로로 차가 질주하지만 걷기에 좋았던 길의 상실에서 아픔을 느끼는 사람도 있다. 질주로 인해 쾌재를 부르며 속도를 즐기는 사람이 있는가 하면 귀에 담아 두었던 물소리 새소리 솔바람소리를 들을 수 없음을 한하는 사람도 있다. 고갯마루에 앉아 땀을 닦으며 내려다보던

자기 집이 고속도로에 가려진 것을 아쉬워할 사이도 없이 차량은 내 옆을 질주해 간다.

도로에 가려진 집을 아쉬워하던 작가도 서서히 고속도로를 활용하기에 이르면서 편리에 물들어간다. 점차 새로운 문화시설에 익숙해지면서 의식에 변화는 찾아온다. 편리를 추구하는 자아를 발견한다. 한동안 아쉬워하고 안타까워하던 마음은 다 어디 가고 편리에 만족해하는 자신이 그곳에 안주해 있다. 새로운 변화에 불만스러워하던 것이 엊그제 같은데, 이제 작가에게는 핸드폰도 차도 도로도 편리함을 위해 일상생활에서 없어서는 안 되는 존재가 되어 있는 것이다. 여기서 작가는 편리와 불편의 경계도 사람의 마음에 따라 수시로 변할 수 있음에 도달한다.

> 아이들을 놀이터에 데려다 놓고 벤치에 앉았으니 설움이 밀려왔다. 어둑해져 놀던 아이들이 집으로 돌아가고 우리만 남게 되었다. 남의 눈도 의식되고 놀이터에서 밤을 보내기는 무리였다. 김밥을 사들고 작은아이는 업고 큰아이를 의지삼아 언덕으로 올라갔다. 잔디밭에 앉아 아이들에게 김밥을 먹이다 보니 그곳이 골프연습장 울타리 밑이었다. 울타리 안에는 낮같이 불을 밝혀놓고 골프 연습하는 사람들이 있었다.
>
> 그 모습이 부잣집 거실에서 거위요리를 먹는 것처럼 보였다. 나는 울타리 밖에 맨발로 서 있는 성냥팔이소녀같이 느껴졌다. 맛있는 요리를 먹고 있는 저 사람들이 나와는 아무 상관이 없다

고 생각하자 갑자기 무서움이 밀려왔다. 바로 뒤가 산이라 호랑이가 나와서 우리를 물고 가도 저 사람들은 모를 것이고, 남편은 우리를 찾지도 않으니, 주섬주섬 물건을 챙겨 아이들을 데리고 일어섰다.

- 〈안과 밖〉에서

역시 두 개의 대립적 상황을 전제하고 있다. 이 대립의 세계는 작가 이옥순의 최대 관심사이기도 하다. 하나의 선에 의해 안과 밖으로 갈라지는 세상. 그 속에서 우리는 심리적 갈등을 늘 하게 된다. 안은 따뜻하고, 밖은 춥다. 자신이 다행히 안에만 상주한다면 얼마나 다행일까. 하지만 상황에 따라서는 밖에 거처하게 되는 때도 있다.

사람이 살다보면 서로 의견이 다르고, 소망과 응대가 차질을 빚어 서운해 하는 경우도 있다. 작가는 남편과의 사소한 의견 차이로 아이들을 업고 가출을 시도한다. 이 순간 작가는 안에서 밖으로 이주하는 것이다. 밖에 나와 보니 어려움이 다가선다. 밀려드는 것이 설움이다. 놀던 아이들마저 다 떠나버린 놀이터에서 선 밖에 있는 아픔을 절감한다. 결국은 대단한 각오로 김밥을 사 들고 언덕으로 올라가니 골프연습장 밑이다.

안에서는 낮처럼 밝게 불을 밝히고 골프 연습을 하고 있다. 자신들은 울타리 밖에서 공포에 떨고 있다. 이같이 안과 밖은 확연히 다르다. 안의 모습은 마치 부잣집 거실에서 거위요리를 먹는 것 같고, 자신은 밖에서 맨발로 성냥팔이 소녀처럼 처량하다. 결국 작가는 공포에 떨며 귀가를 서두른다.

집에 들어오니 남편은 아내가 가출을 시도했다는 사실조차도 모른다. 바로 이것이 작가가 터득한 현실이다. 나에게 있어서는 대단한 문제라서 날밤을 새우며 괴로워하지만, 다른 이에게는 전혀 무관한 일이 될 수 있다. 가장 가까워야 할 부부 사이에도 가출 사실마저 알지 못하는 것이 세상의 현실이다. 다시 귀가를 생각하며 돌아갈 수 없음을 되뇌지만, 정작 집안에서는 가출사실조차 모르는 것이 세상사다.

여기서 작가는 언제나 거치게 되는 통과역에서 세상의 이치를 터득한다. 세상 모든 일은 자신이 마음먹기에 따라 엄청난 차이가 있다는 것이다. 안은 따뜻하고 밖은 추울 수도 있지만 마음에 따라 눈 쌓인 산을 오르면서도 안에 있는 것처럼 따뜻함을 느낄 수도 있고, 따뜻한 방에 앉아 있어도 춥다고 느낄 수도 있다는 사실이다. 그래서 상대의 배려나 이해하는 마음이 느껴진다면 비록 가진 것이 없더라도 결코 춥지 않음을 차분히 말하고 있다.

> 장마철이라 장독대 옆이 우중충하다. 달랑 한 개 남은 장 항아리에서 냄새가 난다. 장이 익을 때 나는 단내가 아니라 좋지 않은 냄새다. 발효가 되고 있으면 단내가 나지만, 부패가 되면 좋지 않

은 냄새가 난다. 발효가 되어 나온 음식물은 사람이 먹을 수 있지만 부패의 결과로 나온 부산물은 사람이 먹을 수가 없다. 햇볕도 잘 들지 않고 바람도 통하지 않으니 장이 제 맛이 날 리가 없다.······〈중략〉······

  좋은 식품을 얻으려면 외적인 조건도 중요하지만 정성스럽게 관리하면서 기다려야 된다. 그냥 얻는 것은 없다. 욕심도 걷어내고 항상 관리해야 썩지 않는다. 소홀하면 어느새 곰팡이가 피고 탈이 난다. 장독 뚜껑이 닫혀 있는 동안 잘 발효되어 맛있는 장이 되었을 때 뚜껑이 열리듯이 우리도 자신을 안으로 완성해 가야 한다. 내적인 힘에 의하여 외적인 현상을 극복할 수 있다.

                                                  - 〈발효와 부패〉에서

  유기물이 효모 세균 곰팡이 등과 같은 미생물들의 작용으로 분해하거나 산화, 환원하는 것을 우리는 발효, 또는 부패라 한다. 이때에 알코올이나 탄산가스 등으로 변하는 현상을 발효라 하고, 악취를 내면서 분해하는 현상을 부패라고 한다. 같은 현상을 놓고 인간들의 소용에 따라 달리 인식한다.

  우리가 사는 세상에도 이 같은 경우는 흔하다. 똑같은 것이라 해도 상황에 따라 엄청난 의미의 차이를 나타낸다. 잔디를 심어 놓은 정원에 난 콩은 잡풀에 해당되어 뽑히고 만다. 아무리 좋은 것이라 해도 제자리에 가 있지 않으면 선 밖의 존재인 것이다. 즉 사람의 소용에 따라 같은 사물이라도 엄청난 의미의 차이를 초래함을 지적하고 있다.

  인간의 소용에 맞추기 위해서는 가지고 있는 조건도 중요하지만, 정성과 인내가 필요하다. 자신의 욕심도 걷어내고, 항상 관심을 주어야 부패하지 않는다. 부패하지 않고 알맞게 발효되기 위해서는 세심한 관리가 필요하다. 마치 장맛을 내기 위해 독의 뚜껑 관리를 치밀하게 하듯이 인간도 자신을 안으로 완성해 가야 하는 노력이 요구된다. 즉 내적인 힘에 의해 외적인 현상을 극복해야 한다는 것을 강조한다.

  작가는 이 글에서 단순한 유기물의 분해에 멈추지 않고 있다. 바로 인간이 내적으로 완성되어야 함을 지적한다는 것은 궁극적으로 사람 이야기를 꺼내고 싶은 것이다. 인간도 자기 자신을 관리하지 않으면 썩고, 정신적으로 타락하게 됨을 지적하고 있다. 즉, 작가는 세상 모든 일에 사람의 마음이 얼마나 중요한지를 말하고 있는 것이다.

> 옆집 아주머니 화장품을 발랐다는 것을 들키고 싶지 않았는데 얼굴에 하얗게 분바른 표가 났기 때문에 어른들이 금방 알아차렸다. 속을 보일 수밖에 없었던 그때 내가 했던 화장처럼 얼굴은 거울이다. 어떤 것으로도 감추지 못하는 것이 마음이다.……〈중략〉……
>
> 세수한 얼굴에 거뭇거뭇 기미가 보이고 잡티가 보인다. 티를

감추고자 화장을 한다. 여전히 기미에 잡티에 주름까지 보인다. 화장으로 숨기기는 어렵다. 벌레 먹은 자국이 있고 때로는 진딧물이 끼어 있는 꽃도 멀리서 보면 아름답기만 하다. 꽃이기 때문이다. 겉에 티는 있어도 속이 맑으면 맑은 것이다.

포장만 그럴싸하다는 말이 있다. 겉과 속이 다른 사람을 두고 하는 말이기도 하다. 겉과 속이 같은 사람이 되기도 어렵다. 포장보다는 내용이 좋은 선물 같은 사람, 화장이 필요 없는 사람이고 싶다. 맨얼굴로도 아름다움을 간직하기 위해 어떻게 더 수련해야 할까.

— 〈겉과 속〉에서

어릴 적 옆집에 갔다가 그 집 아주머니가 사용하는 화장품을 찍어 바르고 집에 와서 아버지에게 매를 맞은 이야기가 화두이다. 화장품 바른 것을 숨기고 싶었는데, 여지없이 들키고 만 이야기를 시작으로 하여 속에 든 생각이 얼굴에 여지없이 나타나고 만다는 것을 이야기한다. 아무리 속에 든 생각이나 비밀을 겉으로 드러나지 않게 하려해도 그럴 수 없음을 말하고 있다.

사람들은 자신의 부끄러움을 감추기 위해 화장을 하기도 한다. 아무리 짙은 화장을 해도 얼굴의 본색은 숨길 수가 없다. 이 어찌 얼굴에 한한 이야기이랴. 우리의 삶 또한 마찬가지다. 자신이 살아가면서 갖게 되는 허물을 다른 사람이 알아차리지 못하게 감추려 한다. 그러나 그것은 오히려 더 큰 아픔으로 나타나기 마련이다.

여기서 작가는 엄연한 진리를 발견한다. 아무리 벌레가 먹었어도 꽃은 꽃인 것이다. 본색이 아름다운 꽃이다 보니 멀리에서 바라보아도 아름답게 보이는 것이다. 이같이 사람도 본색이 맑고 아름다우면 더러 흠집이 있어도 아름답게 보일 것이다. 사실 흠집 없는 사람이 과연 몇이나 될까. 모두 흠집은 있어도 본 마음만 깨끗하고 아름답다면 되는 것이다. 그러기에 작가는 겉과 속이 같은 사람이 되기 위해 무던히 수련을 쌓아야 함을 갈망하고 있다. 겉보다 오히려 속이 더 좋은 사람. 화장이 필요 없는 사람이고 싶어한다.

문득 아버지의 얼굴이 떠오른다. 어머니의 권을 웃음으로 흘리시며 두 가지 중 한 가지에만 단감나무 접을 붙이신 아버지. 세상의 모든 것들이 함께 어우러져 살고 있음을, 그리고 그렇게 함께 어우러져야 함을 자식들에게 가르치려던 그 깊은 뜻을 미혹한 딸은 오늘에야 터득한다.

"새집 지었으니 감나무 한 주는 심어라."

지난번 찾아뵈었을 때에 하신 말씀이 생각난다. 분명 아버지는 두 종류의 감이 열리는 감나무 묘목을 해 놓으셨을 것이다. 내년 봄에는 모르는 체 하고 아버지에게 감나무 한 주를 골라달라고 해야겠다.

사람들에게 나는 처음부터 단감이었을까. 단감이 아니었다면 지금은 잘 우려진 감 맛이라도 나는지 나 자신을 되돌아본다. 무슨 맛이 되었든 다른 이에게 부담 주는 맛만 아니었으면 하는 바람을 가져본다. 조금 더 욕심을 내 본다면 별나지 않고 누구에게나 호감을 주는 수수한 맛이었으면 좋겠다. 그리하여 단감과 떫은 감도 함께 안아 들이는 지혜가 있기를 소망하면서.

― 〈단감과 떫은 감〉에서

  작가 이옥순이 문단에 나올 때의 데뷔작이기도 하고, 이 책의 제목이 된 글이기도 하다. 어려서 작가는 자신의 집에 있는 감나무에는 단감과 떫은 감이 함께 열려서 친구들에게 자랑했다. 그러면서도 단감을 따려면 애먼 감을 여러 개 따야 했다. 실은 이 감나무는 아버지가 두 가지의 감나무 중 한 가지에만 단감 접을 붙여서 두 종류의 감이 열리도록 한 나무였다. 자식들이 세상에 나가 살면서 서로 다른 것이 함께 어우러져 사는 것임을 깨닫게 하고자 하는 아버지의 깊은 철학이 담겨 있었던 것이다. 그것을 뒤늦게 깨닫게 된다.
  미처 세상살이에 능숙하지 못했던 작가는 맞선을 보면서 단감을 찾아내지 못한다. 따서 맛을 보니 떫은 감이라서 버리듯 맞선을 보면서 애먼 상대를 보낸 추억을 고백하며 아쉬워한다. 상대가 좋은 조건이고 예의 바르고 인물도 괜찮았는데, 옷차림과는 맞지 않게 흰 양말을 신고 있어서 떫은 감으로 인식되었던 것이다. 떫어서 버려 버린 그가 지금은 어느 풀숲에서 달콤하게 홍시가 되어 있을지도 모른다며 아쉬워한다.

이제야 어른이 되어 아버지의 깊은 뜻을 헤아리는 작가는 집 정원에 아버지가 기른 감나무 묘목을 한 주 부탁하려 한다. 틀림없이 한쪽에만 단감 접을 붙인 두 종류의 감이 열리는 묘목일 것이라는 확신까지 가지면서 봄을 기다린다.

결국 여기서도 작가는 두 개의 상반된 개념이 함께 어우러지는 모습을 그려주고 있다. 이것은 작가 이옥순의 수필세계에서 가장 큰 화두이다. 두 개의 상반된 개념이 하나로 뭉쳐지는 세계, 혹은 상반된 두 개념 중 바람직한 쪽으로의 이동에는 언제나 마음의 흔들림이 있고, 그 흔들림을 바로잡는 계기가 뒤따른다. 그러면서 그 구조 속에 자신을 집어넣어 수양의 길을 가는 것이 작가 이옥순이다.

끝부분에서 '사람들에게 나는 처음부터 단감이었을까. 단감이 아니었다면 지금은 잘 우려진 감 맛이라도 나는지 나 자신을 되돌아본다. 무슨 맛이 되었든 다른 이에게 부담 주는 맛만 아니었으면 하는 바람을 가져본다. 조금 더 욕심을 내 본다면 별나지 않고 누구에게나 호감을 주는 수수한 맛이었으면 좋겠다. 그리하여 단감과 떫은 감도 함께 안아 들이는 지혜가 있기를 소망하면서.'로 이 글을 마무리한 것은 작가의 수필 하는 마음이 언제나 성찰의 길이요, 수양의 길이었음을 여실히 드러내 주고 있다고 볼 수 있다.

어두운 곳에서 긍정적 생각을 이끌어내는 역할을 하라고 둔 것이다. 사람의 생각과 말이 긍정적이어야 되는 것처럼 모든 생명체가 빛을 향한다는 사실을 잊고 있었다. 삶에서 최악을 설정해 놓고 살지 않듯이 이 조그만 식물은 죽어도 좋다는 설정을 해 놓고 있었으니 어찌 잘 살 수 있었겠는가.

볕뉘가 필요한 여린 화초를 어찌하면 좋을까. 수돗가 맷돌 위에 얹어둔 화초를 다시 어둔 구석으로 가져다 놓을까 제 본성대로 빛을 받으며 살게 둘까 눈에 보일 때마다 갈등하게 되었다. 그러는 사이 참새 꼬랑지만 해진 잎은 색이 생겨 본래의 꽃 같은 모습을 찾아가고 있다. 이 또한 살기 위한 몸부림 같다. 보는 이의 가슴에 따스함을 전하고도 남을 만한 자태다. 파릇한 생명력을 지녀서 빛과 어둠 사이에서 수난을 겪어야 된다면 슬픈 일이다.

외롭고 쓸쓸한 영혼에 불을 지피는 것은 작은 것들이다. 여유로우면 외롭다 하고, 평화로우면 쓸쓸하다 한다. 밝은 곳이 있으면 어두운 곳이 있기 마련인 것을.

인간은 누구나 가슴 한구석 허전함을 안고 살아간다. 다 채우기를 갈망하는 것은 욕심이다. 빛이 들지 않는 구석은 오늘도 허전한 채로 있다.

― 〈빛과 어둠〉에서

이 글에서도 예외 없이 상반되는 두 개념을 화두로 내놓고 있다. 여러 가지 색을 띠는 오색 마삭을 구입하여 화장실에 비치해 두고 즐기려 한다. 화분에 심겨졌던 마삭줄에서 흙을 깨끗이 털어내고 물에 넣어 수경재배를 시도한다. 그러나 꼭 오래 살기를 원하는 것도 아니고, 그냥 화장실에 두었다가 생을 마치면 버릴 심산이다. 빛이 없는 화장실에 가두고 죽으면 버리겠다는 계획이었으니 그것이 살아낼 수가 있었을까.

　말라가는 마삭을 정성들여 빛을 조절하니 겨우 살아 있음을 통보한다. 참새 꼬랑지만한 잎이 색을 띠며 의연한 자태로 되돌아온다. 작가는 여기서 살기 위한 몸부림을 바라본다. 따스함으로 되돌아온 마삭은 파릇한 생명력을 작가에게 선사한다.

　여기서도 흔들리는 여심이 잘 그려져 있다. 빛이 없는 곳에 두어서 시들어 가다가 관심을 주며 돌보자 되살아나는 마삭. 그 작은 식물이 작가의 영혼에 불을 지핀다. 밝은 곳이 있으면 어두운 곳이 있기 마련임을 깊이 터득한다.

　이렇게 세상의 이치는 상반되어 굴러가는 것이다. 그 굴레 속에서 작가는 스스로 성찰의 기회를 획득한다. 작가는 자신이 현재 처해 있는 곳에서 또 다른 세계에 대한 동경을 끝없이 이어가고 있다.

　　　박자의 센박 여린박을 조절하여 노래를 부르면 맛을 살릴 수 있다는 것도 알았다. 우선은 강약이 반복된 리듬을 탈 수 있다는 것이 중요하다. 그동안 리듬이 없는 노래를 부르고 있었던 것이다. 트로트가 부르기 쉽다. 소리가 나오지 않을 때에 비하면 단순한 리듬이라도 탈 수 있게 된 것은 비약적인 일이다. 자신감만 가지면 꺾기와 바이브레이션까지도 문제없다. 나중에는 여러 가지 기교까지 감당할 수 있을 것이다.

삶의 순간순간을 조화롭게 이어서 완성하는 것이 인생 리듬이다. 그렇다면 노래의 리듬을 쉽게 찾지 못했다는 것은 어쩌면 사는 것이 서툴렀다는 뜻이다. 리듬을 타야 노래가 되듯이 삶에도 리듬이 있어야 조화롭다는 것을 비로소 알게 되었다. 삶에도 평탄대로일 때도 있고 가시밭길일 때도 있다. 저음 뒤에는 고음을 준비하듯이 평탄한 길을 갈 때는 곧이어 가시밭길이 나올 것이란 걸 예상하고 걸어야 한다. 리듬을 타지 못하는 노래가 재미없듯이 리듬이 없는 삶은 재미없다.

나를 찾는 길은 험하고 멀었다. 사람이 바이오리듬에 따라 정신적 신체적으로 상승기와 저조기가 있듯이 내 인생의 리듬은 다시 노래를 부르게 된 지금이 상승기다. 노래 부르는 연습을 하고 다시 노래방엘 갔다. 아직은 박자를 놓치고 음정이 불안하지만 리듬을 타기 위해 적당히 몸동작을 섞어가며 노래를 부른다. 목만 아프고 터져나오지 않던 소리를 다시 낼 수 있게 된 것은 삶에 대한 자신감이다.

-〈리듬을 타다〉에서

세상은 밝음이 있으면 어둠이 있기 마련이다. 모든 것들이 이와 같이 상반되더라도 서로 어울려 존재한다. 모두가 하나의 개념에 대립된 위치에 서는 것은 아니고, 어딘가에 그런 것이 존재한다. 이런 현상이 작가 이옥순에게는 늘 부각한다. 그런 구조 속에서 자신을 찾아가는 것이 작가 이옥순의 수필세계이다.

노래방에 가서도 자신의 기호에 따라 선곡한다. 자신은 노래를 부를 때마다 잔잔히 흐르는 곡으로 내용을 음미하길 좋아한다. 그러나 자신이 노래를 부르고 나면 분위기가 돌변하여 가라앉고 만다. 여기서 작가는 지금까지의 삶이 주위와 호응하지 못하고 자신의 카테고리에 갇혀서 살아온 것임을 자각한다. 밝음과 어둠, 어울림과 못 어울림, 이런 것들에 능숙하지 못하였던 자신을 발견한 것이다.

센박과 여린박을 조절해야 함을 터득하게 된 것이다. 즉 노래에도 리듬을 타야 한다는 것이다. 비로소 트로트를 선곡한다. 바로 이 트로트가 인생살이의 트로트인 것이다. 이젠 자신감이 생겨서 꺾기와 바이브레이션까지도 소화한다.

인생 리듬. 사는 데에도 슬기로운 리듬 타기를 해야 한다. 삶은 평탄대로와 가시밭길의 연속이다. 어느 위치에 와 있던 다음에 펼쳐질 길을 예측하고 대비하는 지혜가 필요하다. 그래야 재미없는 삶에서 빠져나와 조화로운 삶을 영위할 수 있게 되는 것이다. 노래방에 가서 슬슬 몸동작도 섞어가며 터지지 않던 목소리를 자신 있게 낼 수 있음은 세상의 이치를 파악한 후에 가능했던 것이다.
　언제나 화두가 되었던 대립된 두 개념 속에서 작가가 선택하는 것은 경험을 통해 얻어내고 있다. 바로 이것이 작가 이옥순이 추구하는 삶이다. 모난 돌이 세상 속에 부딪치며 굴러가다 보면 둥글한 몽돌이 되듯이 원만한 사람으로 숙성되어지고 있는 것이다.

> 　내가 어릴 때에는 조금이라도 튀는 행동은 흉 거리가 되었다. 머리를 한쪽 가르마로 빗어 핀으로 고정시키는 대신 가운데 가르마로 빗으면 양아치라고 불렀다. 조그마한 일탈도 용납되지 않았다. 나는 그때의 영향인지 지금도 어느 자리에서나 눈에 띄고 싶지 않은 마음이 남아 있다. 옷을 너무 잘 차려 입어서 시선을 받고 싶지 않을뿐더러 못 차려 입어서 시선을 받고 싶지도 않다. 그냥 전체와 잘 어울리는 사람이면 좋다.
> 　역시 모든 꽃이 장미일 필요는 없다. 제 빛깔에 맞는 개성을 살려 은근한 매력을 풍기면 되리라. 나에게 어울리는 품성을 가다듬어 장점으로 삼으면 된다. 어느 시대나 그 시대만의 이야기가 있게 마련이다. 이제는 어떻게 하면 더 튈 수 있는가를 경쟁하는 시대다. 말하자면 이제는 튀어야 살기가 쉬운 세상이 되었다.
> ─〈튀어야 산다〉에서

　돋보임과 그렇지 않음. 튀기와 튀지 않음. 역시 이 글에서도 대립의 구조를 들고 나선다. 자신은 어려서 언니의 교복을 늘 대물림하여 입었다. 튄다는 것은 자신이 좋아서 남 앞에 나서기 위해 하는 행동이다. 그러나 작가에게 있어서는 그게 아니다. 남들은 다 새 교복으로 새 학기를 맞이하는데, 자신은 언제나 누렇게 바랜 칙칙한 언니의 교복으로 시작한다. 여기서 기가 죽어버린다. 남들처럼 뽐내기 위한 튐은 전혀 불가능하고 오로지 못함과 모자람으로 남 앞에 튀게 보였던 것이 가슴에 응어리가 되어 있다. 이 기억은 뒷날 삶에도 지대한 영향으로 나타난다.

튀는 행동이 용납되지 않던 시대를 산 작가는 지금도 어느 자리에 가든 남의 시선을 받고 싶지 않다. 그냥 있는 듯이 없는 듯이 주위와 원만하게 어울려 존재하길 갈망한다.

하지만 자신의 딸아이는 튀기를 요구받는 시대에 살고 있다. 겉모습으로 튀기를 시도하는 딸아이에게 모든 것이 다 장미일 필요는 없다고 넌지시 조언할 수 있음은 지난 삶에서 얻은 결과이리라. 제 빛깔에 맞는 개성을 살려 은근한 매력을 풍기면 되고, 자신에게 어울리는 품성을 가다듬어 장점으로 삼으면 된다는 귀결은 순전히 삶에서 얻은 지혜이다.

오채라고 하는 다섯 가지 아름다운 채색을 대신할 수 있는 색이 먹의 색이다. 먹색은 한 가지 색이 아니다. 그 속엔 모든 색이 다 들어 있다. 그래서 먹의 농담만으로 표현한 수묵화가 아름다운 이유다.
 아이가 일찍이 머리에 물들여 본 것은 색에 물든다는 것의 의미를 터득한 것은 아닐까. 그러기에 지금은 여러 색의 유혹 앞에 흔들리지 않고, 제 모습을 유지하는 것이리라. 아이의 원만한 생활 속에는 세상의 것들을 아우르는 지혜가 이미 있음이다.
 먹색치마는 여러 색과 두루 잘 어울리고 다른 색을 드러나게 도와준다. 때가 묻어도 눈에 잘 띄지 않는다. 모난 마음도 때 묻은 마음도 감싸안는 색, 먹색에 물든다면 좀더 조화로운 세상을 만들 수 있겠다. 건조대에서 펄럭이는 알맞게 물든 먹색치마를 바라본다.

— 〈물들다〉에서

 세상에는 많은 종류의 색들이 제 나름의 개성을 가지고 존재한다. 그 색들은 다른 색과의 융합보다는 제 자랑에 더 도취되어 있다. 이것이 세상의 이치인 것이다. 사람들도 제 멋에 산다는 말처럼 제 나름의 개성을 유지하려 한다. 그러나 이러한 제 잘남의 부각은 충돌을 야기하기 마련이다. 자신만의 개성을 내려놓고 함께 하는 삶이 지혜로운 것임을 알게 되는 것이다. 마치 단풍이 아름다운 이치와 통한다. 빨강, 파랑, 노랑 등 수많은 색들이 제 개성을 가지고 존재하지만 먼 데서 바라보면 제 주장을 내려놓고 함께 어우러져 멋진 단풍을 연출하고 있다.
 색채에 있어서도 매일반이다. 색들은 제 나름의 본성과 개성을 옹립하려 하지만, 그것이 가능하지 않을 때에는 함께 어울림을 선택한다. 그래서 결국 만들어지는 색이 검정이다. 모든 색이 다 혼합되면 검정이 된다.

 이 검정이 어느 색이든 충돌하지 않고 잘 어울리는 것은 이 때문이다. 그 색 속에 모든 색의 속성이 다 들어 있기에 가능하다. 먹색치마가 어떤 옷을 맞춰 입든 잘 어울리는 것도 다른 색이 드러나도록 도와주는 속성이 있기 때문이다. 모난 마음도 때묻은 마음도 감싸안는 색, 그 먹색처럼 슬기로워서 좀더 조화로운 세상에 살기를 소망한다.

3. 나가면서

 이상에서 살펴보았듯이 작가 이옥순의 수필세계는 대립된 두 개념을 제시하고 그 중 최선의 선택을 갈망하고 있다. 어찌 보면 변증적 기법을 원용하는 듯도 보인다. 이러한 작가의 시도는 삶의 한 도구로 문학적 상상이 공헌하고 있다. 이옥순의 소재들은 수필에만 한정되는 것들을 선택하고 있다. 너무도 순수하고 깨끗하여 그곳에 소설적 허구를 가미한다면 글은 완전히 무너지고 소기의 목적을 상실하게 될 것이 뻔하다. 그는 있는 그대로를 보여주고 있다. 구차한 꾸밈도 허락하지 않고 풀어낸다.

 이러한 대립의 두 개념에서 하나의 선택을 시도하는 것은 철

저한 생활인의 삶의 길이기도 하다. 그만큼 작가 이옥순은 생활의 현장에서 채집한 소재에 충실히 자신을 밀어넣어 수필적 세계를 완성한다. 트릭을 쓰거나 허울을 뒤집어쓰지 않고, 있는 모습 그대로 독자 앞에 나선다.

이러한 작가적 태도는 일찍이 얼굴에 화장을 했다가 아버지에게 꾸지람을 들은 사건과 무관하지 않다. 작가는 어린 날 감추고 싶었던 사연도 얼굴에 그대로 나타나서 낭패한 경험이 있다. 굳이 감추어도 드러날 것 같으면 차라리 있는 모습 그대로 보여주는 것이 현명한 일이다.

작가 이옥순의 수필세계는 대립된 두 개념을 한자리에 모아놓고 서로 견주며 비교하게 함으로써 그 소재의 특성이 극명하게 드러나게 하는 기법을 사용하고 있다. 그 드러난 현상을 바라보면서 어느 쪽을 선택하느냐 하는 것은 선택자의 마음먹기에 따라 상당한 차이가 있음을 말하고 있다. 똑같은 것이라 해도 어떻게 그 사물을 바라보느냐에 따라 가지고 있는 의미가 달라지는 것은 자명한 일이다. 그 마음이 작가 이옥순에 있어서는 건설적이고 긍정적이다. 이러한 모습은 바로 작가의 자화상이기도 하다.

이옥순은 수필집 ≪단감과 떫은 감≫에서 충실히 살아가는 현대인의 한 단면을 그려주고 있다. 그러면서도 그 삶이 어떤 의미를 함유하고 있는가도 보여준다. 결코 요란하지 않고 조용히 풀어가는 이옥순의 수필세계는 속도와 동작으로 과민해진 현대인들에게 진정제와 같은 기능을 발휘하리라 믿는다. 우리는 이 여름 한 작가의 세계에 촉촉이 젖어들면서 다음 글을 기다리는 그리움을 안게 되어 다행이다.

단감과 떫은 감

이옥순 수필집

인 쇄 / 2010년 8월 13일
발 행 / 2010년 8월 16일

지은이 / 이 옥 순
발행인 / 서 정 환
발행처 / 수필과비평사

출판등록 / 1984년 8월 17일 제28호
주 소 / 서울시 종로구 익선동 30-6
       운현신화타워 빌딩 2층 208호
전 화 / (02) 3675-5633, (063) 275-4000
팩 스 / (063) 274-3131
E-mail / essay321@hanmail.net

값 10,000원

ISBN 978-89-5925-733-1   03810

※ 저자와 협의, 인지는 생략합니다.
※ 잘못된 책은 바꿔 드립니다.